【超完全版】

フルオートモードで

月に**31.5万円**が入ってくる

「強配当」株投資

経営戦略から

"ほぼ永遠に儲かる企業"を探す方法

2023年、378万4014円の"不労所得"を得た個人投資家

長期株式投資

KADOKAWA

――日経平均株価もいずれはバブル時の最高値を更新してくれるはずだと信じています。それがこれまで繰り返されてきた株式投資の歴史です。

（2022年2月刊『オートモードで月に18.5万円が入ってくる「高配当」株投資』より）

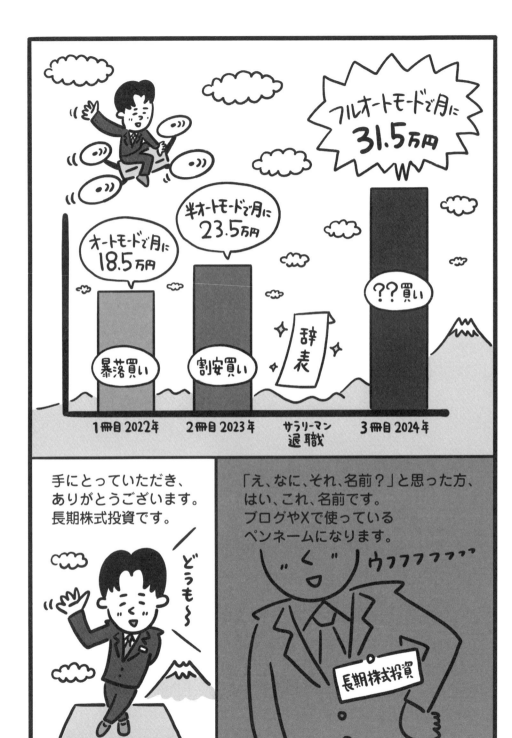

私は個人投資家で、
日本の配当株をメインに
投資をしていますが、
2023年の受取配当は378万円（税引後）
になりました。

このお金は、たとえば
私が東京観光で、
お城の見物をおこなっていても、
「株を持っている」
それだけでフルオートで入ってきます。

配当投資のいいところは、
「株を買ったら長く持つ」が基本である点。
メンテは必要なものの、基本は放置なので、
本業がある忙しいサラリーマンに最適です。

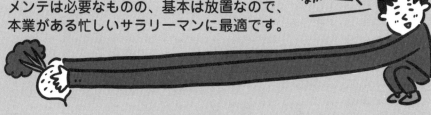

さて、長期投資の神さまといったら、バフェットという方がいます。
私もバフェットに多大な影響を受けています。
私にとってバフェットは、お侍さんでいうなら、殿。

「その企業が長期投資に
値するかどうか」を判断する際、
企業の「何を」見ればいいのでしょうか。
バフェットは「経済的な堀を
持っているかどうか」と言います。

堀？

企業を城にたとえるなら、
「堀を持っていて、他の企業に儲けを
ブン取られない収益モデルに
なっているか」を見ています。
その企業ならではの「強み」があるか、
その強みは今後も「続く」かを見ているワケです。

では、その「経済的な堀」は
どのように作られていくのでしょうか。
多くの過程がありますが、
私は「経営戦略」からもたらされる部分は
大きいと思います。企業のトップが決める
「経営戦略がうまく機能する」と、
「その企業は強くなる」と
私は判断しているのです。

たとえるなら、シャンパンタワー。
トップの意思決定が上手くいくと、
マネージャー、
プレイヤーにも浸透して、
良いビジネスをおこなえるようになる確率が
高くなるからです。

ボンッ

なるほど…

わー!!

わー!!

わー!

私のポートフォリオの筆頭、三菱商事は、
2023年4月にバフェットが来日し、
保有比率をさらに増やす意向を表明したことで、
株価が上がりました。
たった2カ月で1000万円超も
資産が増加したのです。

ワッショイ　ワッショイ

当時の私の三菱商事の保有株数（分割考慮後）は 1万1631株
4/6の株価は1,563円、評価額は 11,631×1,563＝18,179,253円
6/22の株価は2,441円、評価額は 11,631×2,441＝28,391,271円。

会社を辞めて入金力は落ちたにもかかわらず、
増配のおかげもあり、2023年の手取り配当額は
月に8万円もアップしたのです。

すごーーい！

8万円UP

ビュンッ

もちろん、これは
予想していたわけではありません。
でも、投資の知識を増やし、
長く続けていると
チャンスをつかむことができます。

1〜2冊目は決算などを見ながら、
株を相対的に安く買える数値的な視点を得るための本。
難しい言葉でいうと「定量的」な視点。

対して、3冊目は「会社がどう戦略を決めて、
どう儲けようとしているか」の本。
つまり、数値に落としこみづらい
「定性的」な視点を書きました。

ぶっちゃけ、1〜2冊目だけでも、
良いパフォーマンスはおこなえるでしょう。
でも、本書の内容もわかると、
会社の「見える部分」も
「見にくい部分」も透視できる、
最強の個人投資家になれるでしょう。
城でたとえるなら難攻不落の
「大阪城」クラスになれる、と思います。

難攻不落の大阪城〜

そうなると、バフェットの名言
「お気に入りの保有期間は永遠だ」
を実行できるような、超長期保有株も
ゼロから発見できるかもしれません。
だとしたら、もう怖いものナシ。
フルオートで資産は増えていくでしょう。

そう、
この本のコンセプトは
「超長期買い」です!

「3冊買わなアカンの?
しんどいわ」と思った、あなた!
ちょっとストップ。

本書は1冊目、2冊目のポイントも凝縮して、掲載しています。
つまり、超濃縮オールインワンの投資書籍になります。
20年間で得た私の投資技術のすべてを注ぎこみました。

自信を持って言います。配当投資はこれ1冊でOK、と。
新NISAも始まった今、長期投資の環境は史上最高に整っています。
ゆっくりと、でも確実にお金を増やしてみませんか?

つづきは本編で

はじめに

新しい NISA を活用した
ポートフォリオの構築例など

　本書に関心を持ってくださり、本当にありがとうございます。

　今、本書を手に取って目を通していただいている読者のみなさんの中には、お金の心配を減らすために資産形成を始めたいと考えている方、既に株式投資等で資産形成を始めていて、もっと視野を広げたいと考えている方、また、これまでに私が執筆した書籍の読者で、さらに多くの視点を身につけたいと考えている方、他にも様々な目的をお持ちの読者がいらっしゃるかと思います。

　本書は、そのような資産形成をおこなう様々な読者の必要にかなう一冊となっています。

　本書では、株式投資における様々なモノの考え方について学ぶことができます。

　その戦略的思考は、株式投資だけでなく、日常生活で判断が必要となる数多くのシーンにおいても、助けとなってくれるはずです。

　その意味では、お金に関する将来の漠然とした不安を解消したいと考えている学生やビジネスパーソンのみならず、これまで資産形成や株式投資について考えたことがない知識ゼロの投資初心者を含め、すべての読者にとって価値ある一冊となるよう想いを込めて執筆しています。

　株式投資を難しいと感じる読者もいるかもしれませんが、最初は誰もが初心者です。難しいと感じるでしょうし、失敗もすると思います。

　スポーツを始めてすぐに上達するということがないように、株式投資もまずは慣れることが大切ということ。

　そこで本書では、株式投資の入門者向けに新しい NISA を活用したポ

ートフォリオの構築例を紹介しています（第6章）。**具体的にどの銘柄をどのように買っていくのか、完全に真似することが可能です。**

　資産形成を進めつつ、株式投資にも慣れることができるようになっています。安心して読み進めてください。

　投資の神様と呼ばれているウォーレン・バフェットは次のように言っています。
「時代遅れになる原則は、そもそも原則ではありません」

　株式投資の世界では、様々な情報が錯綜しています。

　インターネットで株式投資について検索をかけると、無限とも思える情報量に圧倒されてしまいます。

　その情報は玉石混淆であり、投資初心者の方にとっては、何が有益で何がそうでないのか、判断が難しいというのが現状でしょう。

　そんな時、判断の拠り所となってくれるのが原理原則です。

　たとえば、**資産形成において「長期・積立・分散」が王道と呼ばれています。**
「長期」とは長く保有することで複利効果が期待できること、「積立」とはタイミングを計る必要がなく着実に資産を積み上げられること、「分散」とは投資対象を複数持つことでリスクの低減が期待できることを意味しています。
「長期・積立・分散」という手法をそのまま実践することでも相応のリターンを得ることはできると思いますが、その背景を理解することで、その手法は本当の意味で自分の血となり肉となるのです。

　株式投資の世界では、想定していなかったイレギュラーな事象がたびたび発生します。

　その際に、「長期・積立・分散」のような手法を知っているだけではなく、その背景を理解していることで、様々な状況にも対処しやすくなります。

　この背景を理解していることこそが、株式投資における原理原則にあたり、投資判断の道しるべとなってくれるのです。

「定量分析」と「定性分析」で もっと精度の高い判断が！

本書は私にとって3作目となります。

1作目『オートモードで月に18.5万円が入ってくる「高配当」株投資』では、どのようにすれば、これまで株式投資をおこなった経験のない投資初心者が、株式市場から退場させられずに、長期配当投資のノウハウを学び実践できるか、について解説しました。

2作目『半オートモードで月に23.5万円が入ってくる「超配当」株投資』は、1冊目とは相互補完的な内容であり、読者のみなさんが投資判断のモノサシを増やし、投資の精度を上げて割安な銘柄へ投資ができるよう書いています。

各セクターにおける日本を代表する銘柄を網羅的に紹介しているので、条件が整った時に投資するという手法もとることが可能となっています。

この1作目、2作目では、数値で表すことができるデータをもとに判断していく、いわゆる「定量分析」に重きを置いて執筆しました。

その資産形成方法は、シンプルで誰にでも真似ができるという、再現性の高さを特に意識しています。

そして**3作目となる本書においては、「定性分析」にフォーカスしています。**

そもそも企業の経営戦略には、企業がどのように市場での地位を築き、競合と差別化し、長期的な成長を目指しているかという要素が含まれます。

それらは数字ではなく、経営陣のビジョン、市場の傾向、競合分析、製品開発の方向性といった数値化することが難しい情報がもとになっているのです。

定性分析とは、そういったデータ化できない経営戦略をもとに判断するということ。

「定量分析」と「定性分析」の両輪で判断することを習慣化できれば、これまでよりも精度の高い投資判断がおこなえるようになるでしょう。

本書の第１章では、大型株ではないものの、特定の分野で大きな存在感がある中型・小型の優良株について紹介しました。

　なぜ、規模が小さくても高い競争力を維持できているのか。戦略的な視点を交えて解説しています。

　第２章では、大型優良株の経営戦略について、各企業が個人投資家向けに作成している中期経営戦略等の説明資料を通して、その理論的背景について説明しました。

　経営戦略について造詣を深めることで、投資先企業の戦略をこれまでよりも深く理解することができ、銘柄選定の精度を向上させるのに役立つでしょう。

　また、戦略を学ぶことは、投資判断の精度の向上にとどまらず、様々な場面で求められる意思決定の土台となってくれるもの。

　その思考プロセスは、今後の長い人生において大きな財産となってくれるはずです。

　第３章では、個人投資家として経営戦略を確認することを通じて、どのように投資リターンへ結びつけていくことができるのかを考えていきます。

　企業が成長のために、国内から海外へ進出することを選択した積水ハウスの事例、海外への進出ではなく国内でのシェア拡大を戦略とした全国保証の事例、国内や海外という枠組みではなくイノベーションにより新たなマーケット自体を創造しようと挑戦しているNTTの事例から学んでいきます。

　第４章は、戦略的思考をどのように株式投資に活かすことができるのか。

　配当わらしべ長者投資戦略、価値と株価の歪みを狙う投資戦略、成長性に着目した投資戦略、株主優待の長期保有特典を活用した投資戦略、株価暴落時における生存戦略など、様々なパターンについて解説しました。

　第５章は、資産運用におけるポートフォリオの考え方と作り方につ

いて。

　株式と債券による伝統的ポートフォリオから、投資の神様と呼ばれているウォーレン・バフェットが個人投資家に勧めたポートフォリオ、そして年金積立金を運用している公的な機関であるGPIF（年金積立金管理運用独立行政法人）のポートフォリオまで、数多くの例を紹介した上で、みなさん自身でそれらをカスタマイズできるよう解説しています。

　第6章では、私が20年間の投資経験から得た知見について紹介しています。読者のみなさんが今後の資産形成を進めていく上で、知っておいて欲しいことを書き連ねています。

　巻末特典1では、第1章で紹介している日本の優良企業100選について、セクターごとに選定理由を記載しています。
　個別銘柄の解説はニーズが高く、今回は個人投資家の視点で**一度保有すれば遠い将来にわたっても売却の必要がないと思える100銘柄を選定し、その理由について解説しています。**

　巻末特典2では、前作『半オートモードで月に23.5万円が入ってくる「超配当」株投資』で掲載した私の株式ポートフォリオを直近のものにアップデートしました。
　2024年3月22日現在の保有株について、1株単位で掲載しています。

　巻末特典3では、**話題の新しいNISAのルールの理解から、資産を形成するための戦略を解説しました。**

サラリーマン生活に終止符を打つことを
後押ししてくれた株式投資

　FIRE（Financial Independence, Retire Early：経済的自立を達成することにより早期退職すること）という言葉が、日本でも広く知られるようになってきました。

　ライフスタイルの多様化が進み、より自由な生活を送ることを目的として、定年を待たずにリタイアを目指す方も少しずつ増えてきているのではないかと感じています。

　私は大学を卒業してから20年以上にわたりサラリーマンとして働きましたが、2023年3月末に45歳で長年勤めた会社を早期退職しています。

　毎月の安定した収入を手放し、自分が本当にやりたかった人を育てる仕事（投資教育）を始めてみようと決断できたのは、長期間にわたり株式投資で積み上げてきた、配当キャッシュ・フローがあったからにほかなりません。

　その意味では、もし株式投資を始めていなければ、独立はできなかったと言っても過言ではないでしょう。

　何をするにせよ、生きていく上でまずは生活基盤を整えることが最も重要です。それにはお金が必要で、お金を稼ぐためには好き嫌いに関係なく仕事をしなくてはなりません。

　しかし、この生活基盤を安定させる見通しさえ立てば、報酬の多寡にかかわらず、自分のやりたいことを仕事にできる可能性があります。

　私の場合は、株式投資を長く続けることで、配当キャッシュ・フローが積み上がっていき、向こう20年間の想定キャッシュ・フロー計算書を作成して、なんとかなりそうだと判断できたことが大きかったと思います。

　お金の観点から、どのような状態を構築できればFIREが可能かをシンプルに考えると、

【年間の配当キャッシュ・フロー ＞ 年間の支出】

　という状況を構築できれば、ほぼパーフェクトと言えるでしょう。

　この場合、配当のみで生活できる状況となるので、生活水準を変えなければ、増配により資産は無限増殖していきます。

　とは言え、これは相当に高いハードルとなります。

　たとえば、配当利回り4％で年300万円の配当を受け取るのであれば、税金を考慮しなくても7500万円の運用資産が必要です。

　しかし、運用を継続しながら資産を少しずつ取り崩していくことを前提とし、また、年金等を考慮に入れて資産運用戦略を練れば、ハードルは幾分下がります。

　あるいは、「全く働かない」という完全なFIREではなく、サイドFIRE（資産運用で収入を得ながら、足りない部分を働いて稼ぐ）という選択肢もあります。

　人生というステージにおいて、若いうちから本当にやりたいことが明らかになっている人はそう多くないでしょう。

　また、年齢を重ねるにつれてやりたいことが変わることもあるでしょう。

　いずれにせよ、やりたいことがはっきりした時のために、それを実現できる可能性を残しておく、金銭面での準備をしておくことはマイナスにはなりません。

　それに、自分の好きなこと、得意なこと、やりたいことを仕事にすると、専門的な知識が深まり、自分自身の成長につながりますし、社会に貢献できることも増えていきます。

　資産運用で生活の基盤を作り、自分のやりたいことを仕事にできれば、一人ひとりの能力が最大限に発揮されて社会に還元されるのです。

　FIREして、自分のやりたいことで世の中に貢献していくという生き方があってもよいのではないか、そのように思います。

　誰もが少額ずつ、気楽に始めることができる株式投資は、多くの人にとって重要な資産形成の手段と言えるでしょう。

　現時点でFIREやサイドFIREを考えていなくとも、資産形成によ

り、いざとなれば会社を辞めることができるというカードを持つことは、仕事上のストレスを解消してくれるはずです。

　つまり、**株式投資は人生の選択肢を広げてくれ、自分に合ったライフスタイルを実現するのに大きな助けとなってくれるということ。**

　株式投資の裾野が広がり、多くの方が資産形成の手段の一つとして、株式投資を活用するのが当たり前と言えるような時代がくればと切に願います。

将来の選択肢を増やすために、まずは少額から始めてみよう

毎年378万円の配当金を生み出すポートフォリオ

　私は2004年に株式投資を始めています。

　当初は手探りで試行錯誤しながら投資を続けていました。相場に翻弄されることも多々ありましたが、配当金の記録をつけてリターンの「見える化」をおこなうようになってから、毎日の株価の動きに一喜一憂せず、安定的な運用ができるようになりました。

　図1は、私が配当金の記録をつけ始めた2008年からの、税引き後受取配当額の推移です。

　2008年に169,761円だった配当は、2023年には3,784,014円にまで成長しました。

　グラフからも一貫して増加し続けてきていることが確認できるかと思います。今後も投資のやり方さえ変えなければ、遠い将来にわたっても高い確率で増加し続けると確信しています。

「株式投資って難しいし、どうせ損しちゃうんでしょ」

　と言われることも少なくありません。

　ですが、それは短期的なリターンを求めるからです。

　長期的なリターンを求めるなら、決してそのようなことはないと断言します。

　そもそも世の中には、短期的に大きなリターンを上げることが可能な、再現性の高い手法などは存在していません。

　なぜなら、そのような手法が存在しているのであれば、誰もが短期間でお金持ちになっているはずだからです。

　しかし、現実はそう甘くありません。短期的に大きな利益を得ることができた投資家は、たまたま運が良かったか、あるいは本物の天才かのどちらかでしょう。

　いずれにせよ、多くの個人投資家にとって、そういった人の真似をするのは難しいと言えます。

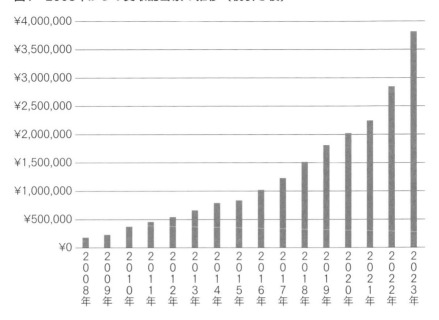

図1　2008年からの受取配当額の推移（税引き後）

その一方で、長期投資では、見える景色が変わってきます。**株式を長期保有することで、きわめて高い確率でリターンが積み上がっていくのです。これは歴史が証明しています。**

　優良企業の株を適正な株価で買い、長期保有していれば、そうそう負けることはありません。資産形成では、長く続けることが最も大切であり、そこに才能は必要ないのです。

「そうはいっても、どのような企業が優良なのか、長期保有に値する銘柄なのか分からない……」

　という読者もいると思いますが、ご安心ください。

　本書では数多くの優良銘柄を紹介していますので、そういった銘柄に本書内で解説している様々な視点を踏まえて投資ができれば、より長期保有の助けとなってくれるはずです。

長く続けていれば、気づけば勝っている

　図2は、2024年3月22日現在における私の保有銘柄の比率を円グラフで表したものです。誰もが知る大型の銘柄が、大部分を占めています。

　株式投資の世界では、時価総額が小さくあまり知られていない小型株など、奇をてらう銘柄選択が耳目を集めることも少なくありません。

　しかし、そのような投資は賞味期限が短く、長期保有には向いていないことがほとんど。

　過去に人気化した銘柄を少し調べていただければすぐに確認できますが、特定の銘柄が一時的に人気化して株価が暴騰し、その後に暴落するという事態が頻発しています。

　その株価の上昇と下落が生み出す株価チャートは、さながら富士山のような曲線を描いています。

　そこで利益を得るのは、あらかじめその銘柄を暴騰前に仕込んでおいた投資家だけ。反対に損をするのは、人気化した後に飛びついた投資家です。

　このような事象は、情報の非対称性が解消されつつある現代においても、たびたび発生しています。

　とはいえ、目の前で急上昇していく株価を見てしまったら、手を出さずにはいられないのが人間というもの。

　ですが、長期的な視点で株式投資をおこなっていれば、こういった状況から距離を置くこともできます。

　なぜなら、大型株であれば機関投資家（銀行、保険会社、年金基金などの大口投資家）が、そのバリュエーションをしっかりと見積もって投資しているケースが多いため、ある程度妥当な株価が形成されていると言えるからです。

図2　2024年3月22日現在の保有銘柄

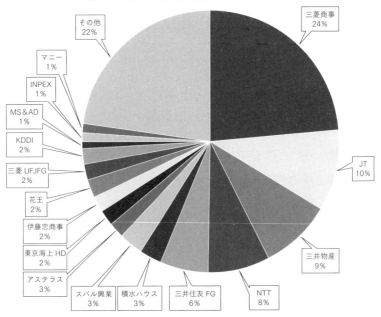

　この事実だけでも、高く買わされるリスクを軽減してくれる効果が期待できます。
　つまり、**誰もが知っている大型株を選択することは、それだけで負ける可能性を相対的に低くしてくれるのです。**

　株式投資では長く続けることが最も大切です。長く続けることとは、すなわち負けないことを意味します。
　勝とうとする必要はありません。株式市場から退場させられずに長く続けていると、気がつけば勝っているのです。計画を立てて、ルールを守って、続けていくだけです。**そこに才能は必要ありません。**

　日本には「守・破・離（しゅ・は・り）」という言葉があります。
「守」とは、型を学び、身につける段階です。株式投資でいえば、書籍に書かれているルールを守り着実に実行できるようになる段階となります。
「破」とは、「守」で身につけた型に加えて自分にとって良いものを取り入れることで、既存の型を破る段階です。

株式投資ならば、様々な考え方を取り入れて試行錯誤する段階となります。

　「離」とは、「守・破」という過程を経て身につけたこれまでの型を離れて、自分自身の型を創り上げる段階です。株式投資ならば、自分自身に適した手法を確立した段階と言えるでしょう。

　これまでに執筆した拙著の1作目、2作目は「守」に当たります。書かれているルールを守って投資をすれば、着実な資産形成が期待できると自負しています。

　3作目となる本作では、「守」の背景にある理論を学ぶことで、投資判断に必要な知識や考え方を身につけることが可能です。

　既存のアイデアに自分の考えを加えることで、従来の型を良い意味で破ることができるのです。これこそが「破」の段階。

　そして、いずれは「離」の段階に至ること、つまり読者のみなさん一人ひとりがご自身のアイデアで、各々の資産運用計画に適した投資をおこなえるようになることを心から願います。

　その実現に向けて、本作が多少なりともお役に立てれば幸いです。

フルオートモードで
月に31.5万円が入ってくる
「強配当」株投資

....

目　次

● **はじめに** 11

新しい NISA を活用したポートフォリオの構築例など 11

「定量分析」と「定性分析」でもっと精度の高い判断が！ ... 13

サラリーマン生活に終止符を打つことを後押ししてくれた

株式投資 16

毎年 378 万円の配当金を生み出すポートフォリオ 19

長く続けていれば、気づけば勝っている 21

第1章

巨大企業に負けない
「永遠に持ちたい」優良小型株を分析

小型優良企業を見れば、投資判断の精度が高まる 34

相場で生き残るための投資戦術 41

ニッチに特化したビジネスモデル・マニー（7730.P）........ 43

あのフリクションを開発したパイロットコーポレーション

（7846.P）... 46

世界トップクラスの医療機器メーカー・ナカニシ（7716.
P）... 51

海外売上高比率 8 割の SHOEI（7839.P）..................... 55

センサ事業に集中戦略・日本セラミック（6929.P）............ 60

第2章

"保有握力" を劇的に強くする
「経営戦略」のポイント

経営戦略を読み解き、永久保有銘柄を見つける 66

多くの企業が活用するバリューチェーンとは？ 68

経営戦略作りの判断材料となるプロダクト・ポートフォリ

オ・マネジメント（PPM）... 72

総合商社の経営戦略を学ぶ 75

PEST 分析で中長期の戦略立案 76

MS ＆ AD インシュアランス GH の戦略計画で考える 78

SWOT 分析で企業を把握する 82

立川ブラインド工業の挑戦を分析 84

資料を深く読み解き、長期保有の助けにする 88

第3章

経営戦略を
「投資リターンに変える」分析方法

3 つの視点から企業の戦略を確認する 92

積水ハウスの事例〜自社の強みを海外展開することで事業

拡大を目指す〜 94

全国保証の事例～国内シェア拡大により利益成長を目指
す～ 97

NTT の事例～イノベーションにより新たな市場を創造す
る～ 100

第4章

フルオートでお金が増えていく「投資フレームワーク」

道しるべとなる投資戦略を定める 106

配当わらしべ長者投資戦略 110

日経の指数を参考にしよう 111

配当わらしべ長者投資戦略のデメリット 114

価値と株価の歪みを狙う投資戦略 115

自分が理解できる銘柄を選択する 118

岡谷鋼機とオーエムツーネットワーク 120

成長性に着目した投資戦略 122

中期経営計画で未来を占う 124

株主優待の長期保有特典を活用した投資戦略 126

株価暴落時における生存戦略 129

株価下落時は PBR を！ 132

株価暴落時の対処法とは？ 135

第5章

「現金比率」問題を9割解消する
投資賢者のポートフォリオ

新渡戸稲造に学ぶ株式投資の心得 142

株式と債券による伝統的ポートフォリオ 145

資産三分法のポートフォリオ 148

ウォーレン・バフェットが個人投資家に勧めたポートフォ
リオ 151

ジェレミー・シーゲル博士が推奨している株式ポートフォ
リオ 153

レイ・ダリオのポートフォリオ 156

GPIF のポートフォリオ 159

筆者の推奨ポートフォリオ 161

リバランスで安定的な運用を目指そう 163

第6章

新 NISA にも応用できる
「20 年の投資経験から得た知見」

長く続けていればリターンは自ずとついてくる 168

失敗は無駄ではない 171

投資判断に役立つ「期待値」の概念 172

あえて業績が悪化している優良株を買う逆張りの発想 175

信用格付で財務の判断は可能、あわせて業界内における序列の参考に 177

企業業績と株価との時間軸の違いについて 179

勝てる条件を探す、あるいは揃うまで待つ 181

投資判断をシンプルにしていく 183

最適解という幻想、4%ルールの難しさ 184

株式投資の入門者向け、新しいNISAを活用したポートフォリオの構築例 186

●**おわりに** 197

巻末特典 1

日本の優良企業 100 選 201

1. 食品セクター（水産・農林業、食料品）.............................. 202

2. エネルギー資源セクター（鉱業、石油・石炭製品）..... 204

3. 建設・資材セクター（建設業、金属製品、ガラス・土石製品）.. 205

4. 素材・化学セクター（繊維製品、パルプ・紙、化学）.... 206

5. 医薬品セクター（医薬品）.................................... 207

6. 自動車・輸送機セクター（ゴム製品、輸送用機器）..... 209

7. 鉄鋼・非鉄セクター（鉄鋼、非鉄金属）.............................. 210

8. 機械セクター（機械）.................................... 211

9. 電気・精密セクター（電気機器、精密機器）.................. 212

10. 情報通信・サービスその他セクター（その他製品、
情報・通信業、サービス業）.. 214

11. 電気・ガスセクター（電気・ガス業）.................................... 215

12. 運輸・物流セクター（陸運業、海運業、空運業、倉
庫・運輸関連業）.. 216

13. 商社・卸売セクター（卸売業）.. 217

14. 小売セクター（小売業）.. 218

15. 銀行セクター（銀行業）.. 219

16. 金融（除く銀行）セクター（証券、商品先物取引業、
保険業、その他金融業）.. 220

17. 不動産セクター（不動産業）.. 221

巻末特典 2

保有株式一覧（2024 年 3 月 22 日現在）.................................. 223

巻末特典 3

新しい NISA に対する戦略 229

新しい NISA のルール理解から投資戦略まで 230

20 年以上の超長期で投資期間を確保でき、配当も不要の
ケース 231

定期的な配当金を確保したいケース 233

・参考文献 237

装丁／ソウルデザイン

マンガ／山中正大

図版・DTP制作／㈱キャップス

校正／㈲ペーパーハウス

編集協力／岩崎輝央

編集／荒川三郎（KADOKAWA）

第1章

巨大企業に負けない
「永遠に持ちたい」
優良小型株を分析

小型優良企業を見れば、投資判断の精度が高まる

　日本には規模が小さくても特定の分野で高い競争力を誇っている、小型の優良株が数多く存在しています。

　大企業に負けず劣らずビジネスを展開している中小企業の競争力の源泉を考えることで、これまでよりも投資先企業を深く理解することができるようになり、銘柄選定の際、投資判断の精度を高めてくれるでしょう。

　数値データ（定量分析）は定期的なアップデートが必要となりますが、**原理原則に基づいたモノの考え方（定性分析）は、一度習得すれば一生ものの財産となります。** ぜひとも身につけて、今後の長い投資人生に役立てていただければと思います。

　さて、具体的に小型の優良企業について読み解いていく前に、前作と前々作で紹介した、投資を検討する際の考え方のポイントについて、簡単に振り返ってみましょう。

　本作を読み進めていただく前に、知っておいて欲しいことを簡潔にまとめています。これまでに、1作目と2作目を通読いただいている読者のみなさんも、復習と思って読み進めていただければ幸いです。

　図1-1 では、各セクターにおける代表的な企業や特定の分野で強みのある企業を100銘柄ピックアップしています。業種は、日本株の分類として伝統的に利用されてきた東証33業種の業種区分です。

　それぞれの分野で、高い競争力を長年にわたり維持しており、長期保有に値する銘柄群です。（※巻末付録1でセクターごとに解説しています）

　投資の神様と呼ばれるウォーレン・バフェットは、「経済的な堀（economic moat）」という概念を重視していると言われています。**この「経済的な堀」とは継続的な優位性を意味し、それを持つ企業は、高水準の利益を長期間にわたり持続することができます。** お城にある堀が、

図1-1　日本の優良企業100選の一覧表（2024年3月22日現在）

東証33業種区分	証券コード	会社名	特徴（一言コメント）	予想PERレンジ	PBRレンジ
水産・農林業	1377	サカタのタネ	ブロッコリー世界首位	10.1〜40.4	1.05〜1.85
建設業	1414	ショーボンドホールディングス	コンクリート補修業で国内首位	21.1〜32.0	2.20〜3.76
鉱業	1605	INPEX	石油・天然ガス開発国内首位	4.6〜117.5	0.25〜0.75
建設業	1925	大和ハウス工業	建設業で時価総額国内首位	6.1〜19.4	0.90〜1.54
建設業	1928	積水ハウス	累計建築戸数世界一	8.0〜12.9	0.86〜1.39
食料品	2267	ヤクルト本社	乳酸菌飲料国内首位	18.2〜32.4	1.67〜3.46
食料品	2269	明治ホールディングス	チョコレート等国内首位製品多数	10.6〜20.8	1.22〜2.50
食料品	2502	アサヒグループホールディングス	ビール国内首位級	9.9〜26.3	0.98〜2.29
食料品	2801	キッコーマン	醤油業界首位	27.1〜64.0	2.60〜5.95
食料品	2802	味の素	調味料国内首位	19.6〜61.7	1.49〜4.07
食料品	2875	東洋水産	カップ麺国内2位	14.0〜27.7	1.14〜2.30
食料品	2897	日清食品ホールディングス	カップ麺国内首位	21.5〜41.8	2.03〜3.31
食料品	2914	ＪＴ	グローバル寡占企業	9.8〜16.4	1.10〜1.91
不動産業	3003	ヒューリック	不動産賃貸大手	9.1〜15.6	1.15〜2.09
繊維製品	3201	ニッケ	羊毛紡績の名門、45年以上減配無し	7.5〜19.2	0.60〜0.94
小売業	3382	セブン＆アイ・ホールディングス	コンビニ世界首位	13.6〜28.0	1.05〜1.81
化学	3407	旭化成	事業展開が多様な総合化学企業	6.6〜26.9	0.59〜1.38
パルプ・紙	3861	王子ホールディングス	製紙国内首位	7.0〜21.3	0.50〜1.08
化学	4021	日産化学	農薬国内首位級	13.3〜29.9	2.30〜5.37
化学	4063	信越化学工業	シリコンウエハー世界首位	9.3〜28.9	1.45〜3.22
化学	4452	花王	トイレタリー国内首位	19.0〜68.0	2.30〜5.51
医薬品	4502	武田薬品工業	製薬国内首位	16.8〜108.9	0.87〜1.81
医薬品	4503	アステラス製薬	製薬国内2位	13.0〜52.6	1.77〜2.84
医薬品	4507	塩野義製薬	製薬国内準大手	10.3〜25.1	1.49〜3.42
医薬品	4519	中外製薬	製薬国内大手、ロシュ傘下	／〜／	3.72〜11.20
医薬品	4523	エーザイ	製薬国内大手	17.3〜81.9	1.95〜5.18

東証33業種区分	証券コード	会社名	特徴（一言コメント）	予想PERレンジ	PBRレンジ
医薬品	4528	小野薬品工業	製薬国内準大手	9.1～27.7	1.44～2.92
医薬品	4540	ツムラ	医療用漢方薬で国内圧倒的首位	12.6～21.3	0.75～1.50
精密機器	4543	テルモ	医療機器大手	26.7～51.3	2.27～4.75
医薬品	4568	第一三共	製薬国内3位	32.6～142.6	2.23～6.83
医薬品	4578	大塚ホールディングス	製薬国内大手、食品も強い	11.8～24.0	0.95～1.60
サービス業	4661	オリエンタルランド	東京ディズニーランド・シーを運営	50.4～204.5	4.62～11.24
化学	4901	富士フイルムホールディングス	偏光板保護フィルム世界首位	10.7～25.7	0.86～1.76
ゴム製品	5108	ブリヂストン	タイヤ世界首位級	9.1～15.4	0.92～1.52
ガラス・土石製品	5201	AGC	ガラス世界首位級	7.5～46.2	0.45～1.06
ガラス・土石製品	5384	フジミインコーポレーテッド	シリコンウエハー用研磨材で世界首位	13.2～49.8	0.98～4.15
鉄鋼	5401	日本製鉄	粗鋼生産量国内首位、世界でも有数	2.9～40.7	0.26～0.80
鉄鋼	5444	大和工業	電炉国内大手	4.2～55.7	0.36～1.08
鉄鋼	5463	丸一鋼管	溶接鋼管国内首位	8.3～26.5	0.68～1.06
非鉄金属	5802	住友電気工業	ワイヤハーネス世界首位級	7.9～102.4	0.50～0.94
金属製品	5947	リンナイ	ガス器具国内首位	15.4～29.7	1.07～2.01
機械	6146	ディスコ	半導体、電子部品の研削・切断研磨装置世界首位	17.3～79.9	2.46～16.11
機械	6273	SMC	FA空圧制御機器世界首位	16.4～55.8	1.91～3.72
機械	6301	コマツ	建設機械世界2位	7.9～41.3	0.79～1.84
機械	6326	クボタ	農業機械世界3位	9.8～24.9	1.00～2.22
機械	6361	荏原	標準ポンプ国内首位	9.0～20.8	0.58～3.08
機械	6367	ダイキン工業	エアコン世界首位級	17.5～57.5	2.29～4.99
機械	6383	ダイフク	マテリアルハンドリング世界首位	17.3～58.3	2.43～7.01
電気機器	6501	日立製作所	総合電機・重電（国内）首位	7.8～35.7	0.77～2.42
電気機器	6594	ニデック	HDD用精密小型モーター世界首位	18.8～80.7	1.93～8.98
電気機器	6758	ソニーグループ	AV機器世界大手	7.0～26.4	1.55～2.86
電気機器	6806	ヒロセ電機	コネクター専業の大手	15.5～41.9	1.09～2.27

東証33業種区分	証券コード	会社名	特徴（一言コメント）	予想PERレンジ	PBRレンジ
電気機器	6856	堀場製作所	エンジン計測装置で圧倒的世界首位	7.3〜29.0	1.03〜2.36
電気機器	6861	キーエンス	計測制御機器大手	／〜／	4.25〜9.40
電気機器	6869	シスメックス	血球計数検査分野で世界首位	27.0〜89.6	3.50〜10.07
電気機器	6929	日本セラミック	赤外線センサ世界首位	9.1〜41.2	0.88〜1.71
電気機器	6954	ファナック	工作機械用NC装置世界首位	22.0〜120.0	1.73〜4.06
電気機器	6965	浜松ホトニクス	光電子増倍管で圧倒的世界首位	21.6〜65.3	2.52〜5.07
電気機器	6981	村田製作所	セラミックコンデンサー世界首位	13.0〜36.6	1.71〜3.93
化学	6988	日東電工	グローバルニッチトップ製品多数	9.7〜27.6	0.93〜2.20
その他金融業	7164	全国保証	独立系の信用保証で国内首位	7.8〜14.7	1.41〜2.53
輸送用機器	7203	トヨタ自動車	自動車世界首位	7.1〜27.9	0.81〜1.60
輸送用機器	7267	ホンダ	二輪車世界首位	6.3〜29.6	0.44〜0.77
輸送用機器	7309	シマノ	自転車部品世界首位	13.8〜38.3	2.16〜5.68
精密機器	7716	ナカニシ	歯科用ハンドピース世界首位	7.9〜46.4	1.57〜3.21
精密機器	7730	マニー	眼科ナイフ世界首位級	28.2〜97.7	3.11〜8.90
精密機器	7741	HOYA	半導体製造用マスクブランクス世界首位	23.0〜42.3	4.44〜10.12
電気機器	7751	キヤノン	レンズ交換式カメラ世界首位	10.7〜50.9	0.68〜1.35
その他製品	7839	SHOEI	高級ヘルメット世界首位	12.8〜40.8	3.34〜8.78
その他製品	7846	パイロットコーポレーション	筆記具単独ブランドで世界首位	7.8〜17.2	1.12〜2.66
その他製品	7951	ヤマハ	電子ピアノ世界首位	15.4〜71.5	1.08〜3.40
その他製品	7974	任天堂	世界的ゲーム機・ソフトメーカー	15.7〜36.3	2.58〜4.82
卸売業	8001	伊藤忠商事	総合商社、非資源の雄	5.7〜13.5	0.96〜1.90
卸売業	8031	三井物産	総合商社、資源ダントツ	5.4〜19.3	0.56〜1.51
電気機器	8035	東京エレクトロン	半導体製造装置世界3位	10.5〜54.1	2.63〜11.72
卸売業	8058	三菱商事	総合商社、圧倒的総合力	5.5〜24.2	0.58〜1.69
化学	8113	ユニ・チャーム	紙おむつ、生理用品国内首位	27.8〜50.3	3.92〜6.68
銀行業	8306	三菱UFJフィナンシャル・グループ	国内最大の総合金融グループ	／〜／	0.30〜1.03

東証33業種区分	証券コード	会社名	特徴（一言コメント）	予想 PER レンジ	PBR レンジ
銀行業	8316	三井住友フィナンシャルグループ	国内2位の総合金融グループ	5.0〜14.9	0.32〜0.88
証券・先物取引業	8473	SBI ホールディングス	ネット証券国内首位	／〜／	0.64〜1.54
その他金融業	8591	オリックス	リース国内首位	4.9〜12.9	0.48〜1.04
その他金融業	8593	三菱 HC キャピタル	三菱グループのリース大手	5.5〜13.0	0.51〜0.97
その他金融業	8697	日本取引所グループ	東証を傘下に持つ国内独占企業	18.1〜39.5	3.04〜6.65
保険業	8725	MS & AD インシュアランスグループホールディングス	メガ損保3強の一角	7.6〜18.2	0.50〜1.10
保険業	8750	第一生命ホールディングス	生命保険大手	5.4〜92.7	0.27〜1.26
保険業	8766	東京海上ホールディングス	メガ損保3強の一角。実質1強	9.1〜22.1	0.79〜2.13
不動産業	8801	三井不動産	総合不動産首位	8.1〜21.5	0.64〜1.50
不動産業	8802	三菱地所	総合不動産で三井不動産と双璧	12.4〜23.1	0.94〜1.79
不動産業	8830	住友不動産	総合不動産大手	7.5〜17.1	0.77〜1.91
陸運業	9020	JR 東日本	鉄道国内首位	10.5〜89.2	0.72〜1.37
陸運業	9064	ヤマトホールディングス	宅配便国内首位	13.4〜42.6	0.88〜2.17
陸運業	9143	SG ホールディングス	宅配便国内2位	8.6〜30.8	1.71〜5.38
倉庫・運輸関連業	9364	上組	港湾総合運送国内首位級	10.4〜18.0	0.56〜1.00
情報・通信業	9432	日本電信電話(NTT)	世界屈指の通信企業	9.3〜13.0	0.85〜1.75
情報・通信業	9433	KDDI	総合通信国内2位	9.1〜16.0	1.36〜2.05
電気・ガス業	9513	J-POWER	石炭火力・水力が中心の電力卸	3.3〜12.0	0.31〜0.63
電気・ガス業	9531	東京ガス	都市ガス国内首位	4.1〜27.0	0.70〜1.25
サービス業	9735	セコム	警備国内首位	18.2〜28.9	1.38〜2.21
小売業	9843	ニトリホールディングス	家具・インテリア販売国内首位	14.1〜34.6	1.73〜4.48
小売業	9983	ファーストリテイリング	SPA（製造小売業）世界3位	24.9〜83.6	4.15〜11.22

※斜線は過去5年間において予想 EPS が非開示または財務報告ベースでの開示がなかった時期が存在したため算出せず

38

敵からの攻撃を防いでくれるというようなイメージです。

『千年投資の公理』という本がありますが、そこでは「経済的な堀」について以下のように記載されています。

・ブランド、特許、行政の認可などの無形固定資産を持つ企業は、ライバル企業がかなわない製品やサービスを販売できる
・販売している製品やサービスが顧客にとって手放しがたいものであれば、乗り換えコストが少しでも余計にかかることによって顧客離れを防ぎ、価格決定力を企業のほうに与える
・ネットワーク経済の恩恵を受ける一部の幸運な企業には、長期間ライバルを閉め出すことができる強力な経済的な堀がある
・最後に生産過程や場所、規模、独自のアクセスなどによって製品やサービスをライバルよりも安い価格で提供できる企業にはコスト上の優位性がある

　　　　　『千年投資の公理』（パット・ドーシー／パンローリング）より

　実際に投資を検討する際には上記のような視点を持ち、その企業の強みとは何なのか、「経済的な堀」を持っているのかどうか、について深く考えることで、より精度の高い投資が可能となるでしょう。
　ぜひ活用してみてください。

　これで日本の優良企業100銘柄を投資の選択肢としてリストアップすることができました。
　続いて、株価がどのような水準ならば投資に値するのかという判断をおこなう際に、優先的に知っておきたい指標についてポイントを学んでおきましょう。

■ 配当利回り

・投資した金額に対して受け取ることのできる配当金が投資額の何％になるのか、という投資指標
・業績が安定していれば配当利回りが高い時に投資するのがよい
・配当性向（利益の何％を配当しているか）が低い方が、増配余力があるためよい
・連続増配銘柄か累進配当銘柄（減配せず配当を維持または増配する銘

柄）を選択するのがよい

・計算式：配当利回り（％）＝ 1 株当たりの配当金÷株価× 100

■ EPS（1 株利益）

・EPS（1 株利益）とは、1 株当たり何円の利益があるか

・Earnings Per Share の略。Earnings は「利益」、Per は「〜ごと」、Share は「株式」という意味

・EPS が安定かつ長期的に伸長している銘柄がよい

・EPS が安定している銘柄は株価が暴落してもいずれは戻す

■ PER（株価収益率）

・株価が EPS の何倍かという指標

・Price Earnings Ratio の略。Price は「株価」、Earnings は「収益」、Ratio は「率」という意味

・業種にもよるが、一般的に 15 倍前後で適正。10 倍以下は割安。20 倍以上は割高

・過去 5 年程度の予想 PER レンジ（数値の幅）を確認して、数値が低い時に投資するのがよい

・株価下落局面では PER だけでは判断できず、他の指標を複合的に使う（バリュートラップを回避する）

・計算式：PER ＝株価÷ EPS

■ PBR（株価純資産倍率）

・純資産に対し株価が割安か割高かを判断するための指標

・Price Book-value Ratio の略。Price は「株価」、Book-value は「純資産（帳簿価格）」、Ratio は「倍率（比率)」という意味

・過去 5 年程度の PBR レンジを確認して、数値が低い時に投資するのがよい

・暴落時に底値を探るモノサシとなる

・リーマンショック時でも 0.8 倍以下になっておらず、暴落時における最悪は日経平均 PBR0.8 倍

相場で生き残るための投資戦術

　上記ポイントをさらにまとめると、**「①業績が安定している（EPSが複数年にわたり安定的に推移）、②高配当の銘柄を、③ PER・PBR レンジの低いところで買う」**ということになります。これで投資判断のモノサシを得ることができました。

　ここまでの知識で以下のような投資戦術を実行することができます。

STEP①　投資対象銘柄をリストアップ（**図 1-1** の計 100 銘柄で OK）
STEP②　PER・PBR レンジの確認
STEP③　STEP ①でリストアップした銘柄が、PER・PBR レンジで低い数値となっている時に買う

　単純な作業となりますが、これだけでも大きな失敗を避けることができます。

　投資初心者にとって最も大切なことは、マーケットから退場させられずに株式投資を長く続けること。

　最初は上手くいかないこともあるかもしれませんが、上記の手順で投資を始めてみて、相場に慣れ、経験を積むことは決して無駄にはなりません。

　まずは相場で生き残ることを第一にして、投資を続けていきましょう。

　なお、PER・PBR レンジは、様々な投資情報媒体で情報提供がなされています。

　ちなみにですが、**私は SBI 証券の株アプリで確認しています。**その場合、各銘柄の表示画面右上にあるタブから、「その他」→「銘柄分析」→「株価指標」と進み、チャート画面をタップすると、レンジの最大値、平均値、最小値を確認することができます。

最初は1株ずつ少額でいいので、実際に株式投資を始めてみましょう。実際に投資を始めて、実践しながら知識を積み上げていくことで、株式投資の練度は飛躍的に向上します。

　さて、ここからは、1作目、2作目では紹介しなかった、特定の分野で突出した競争力を有している中型・小型の優良株を中心に、その競争力の源泉について「定量」「定性」の両輪から解説していきます。

　先述したように、そういった中小企業が持っている競争力の源泉を考えることで、より企業を深く理解でき、その結果、投資判断の精度が高まっていくと言えます。
　つまり、**長期保有に値する銘柄が分かるようになるのです。**

実際に保有するのとしないのでは大違い、まずは1株保有しよう

ニッチに特化したビジネスモデル・マニー（7730.P）

　マニーは栃木県に本社を置く、針金を素材とした微細加工技術を得意とする医療機器メーカー。1956年の創業から、一貫して医療小物消費財の開発・生産・販売に取り組んでいます。

　眼科ナイフの世界シェアは30％を誇り、ニッチな製品群に特化したビジネスモデルで、ニッチ市場で世界的に高い市場シェアを獲得しています。

　ちなみにニッチとは「隙間」という意味で、**ニッチ市場とは、その市場規模の小さいことを理由に大企業がターゲットとしないような、特定のニーズを持つ市場のことです。**

　このように、自分たちの強みを活かすことが可能な特定の分野に経営資源を注ぎ込み、そのニッチ市場において高いシェアを獲得してナンバー1を目指す戦略を「ニッチ戦略」と呼びます。

　マニーは事業領域を、眼科ナイフやスキンステイプラー等の「サージカルセグメント」、外科手術に使用される針付縫合糸等の「アイレス針セグメント」、歯科根管治療器具や歯科修復材等の「デンタルセグメント」に集中し、存在感を示してきました。

　マニーの有価証券報告書から経営指標等の数値を確認していきましょう（**図1-2**）。ここ5年間の売上高の推移は150億円から250億円程度と、売上高自体は東証プライムの中ではかなり小さいカテゴリーに入ります。

　利益率は製造業であれば10％程度あれば合格点と言えますが、マニーはリーマンショックやコロナショックの時でも25％以上の利益率を維持しており、強い競争力を保っています。これは医療機器という不況に強い製品を扱っていることも一因と考えられます。

　マニーの財務基盤は鉄壁で、自己資本比率は90％を超えています。営業キャッシュ・フローはプラスで推移しており、手元キャッシュも潤

図1-2　マニーの経営指標等

決算年月	2019年8月	2020年8月	2021年8月	2022年8月	2023年8月
売上高（百万円）	18,327	15,200	17,190	20,416	24,488
経常利益（百万円）	5,688	4,424	5,679	7,544	7,995
利益率（%）	31.0	29.1	33.0	37.0	32.6
1株利益（円）	61.99	33.83	43.60	53.75	60.46
1株当たり配当額（円）	20	22	23	30	35
自己資本比率（%）	88.7	93.1	91.8	90.6	90.6
自己資本利益率（%）	17.7	9.3	11.3	12.5	12.5
営業活動によるキャッシュ・フロー（百万円）	5,305	1,941	6,384	6,559	8,026
現金及び現金同等物の期末残高（百万円）	16,119	16,973	18,057	22,084	23,798

沢です。事業継続に何ら不安のないことが確認できます。

　マニーの個人投資家向け IR 資料の中では、経営戦略と研究開発方針について以下のように記載されています。

〈経営戦略と研究開発方針〉
　トレード・オフ（やらないこと）を明確化し、愚直なまでに実行
①医療機器以外扱わない
②世界一の品質以外は目指さない
③製品寿命の短い製品は扱わない
④ニッチ市場（年間世界市場5,000億円程度以下）以外に参入しない

　自分たちの強みである分野（医療機器）のみをビジネスフィールドと捉え、その分野で世界一の製品を作り、ニッチ市場以外には参入しないというシンプルな戦略が徹底されてきたことが、マニーの競争力の源泉と言えるでしょう。

　マニーは、2013 年 8 月期から 10 年以上にわたり連続増配をおこなっています。事業の安定性を考えると減配されにくい銘柄であり、その意

味では配当利回りを参考に投資判断をおこなうことも選択肢の一つとなりえます。

　マニーの配当利回りは、概ね1%弱から2%強で推移していることから、配当利回りが2%を超えた水準であれば、投資機会と捉えることもできそうです。

「ニッチ戦略」を採用して、ニッチ市場で世界一を目指しているよ

あのフリクションを開発した
パイロットコーポレーション（7846.P）

　パイロットコーポレーションは、筆記具の単一ブランドでは世界No.1の売上を誇る筆記具メーカーです。

　海外進出は1926年と早く、現在では世界190カ国以上で販売されています。海外売上高比率は70％を超えており、その売上高も日本国内、アメリカ、ヨーロッパ、アジアへ幅広く分散され、バランスのよい安定的なグローバルポートフォリオを構築しています。

　筆記具はモノを書くことを目的としており、科学技術分野のように日進月歩の勢いで進化するということはありません。

　しかしパイロットは、人間工学に基づき首・肩・腕への負担を軽減する太軸の油性ボールペン「ドクターグリップ」や、摩擦熱によりこすると筆跡が消せるボールペン「フリクションボール」など独創的なヒット商品も時代に先駆けて開発しています。

　注目を集めるということはあまりないものの、世の中によりよいものを提供するために努力を惜しまず、その分野で一歩ずつ着実に進化しています。

　読者のみなさんも、パイロットの商品をこれまでに一度は使ったことがあるのではないでしょうか。

　パイロットの有価証券報告書から経営指標等の数値を確認していきましょう（**図 1-3**）。

　売上高や経常利益はコロナ禍の影響を受けた2020年には大きく減少したものの、その後は回復基調でビジネスの堅牢さをうかがい知ることができます。利益率も、コロナ禍においては下落を余儀なくされましたが、それでも15％以上を維持しています。

　これは製造業としてはかなり高い水準。ビジネスにおいて競争力を維持していることが読み取れます。配当は増加傾向です。

図1-3　パイロットコーポレーションの経営指標等

決算年月	2019年12月	2020年12月	2021年12月	2022年12月	2023年12月
売上高（百万円）	103,714	87,096	103,057	112,850	118,590
経常利益（百万円）	19,215	14,356	20,362	22,633	20,840
利益率（％）	18.5	16.5	19.8	20.1	17.6
1株利益（円）	336.62	251.84	361.81	399.86	346.31
1株当たり配当額（円）	45	55	60	90	100
自己資本比率（％）	63.4	70.2	70.6	74.5	78.3
自己資本利益率（％）	17.9	11.9	15.2	14.5	11.1
営業活動によるキャッシュ・フロー（百万円）	15,189	15,137	19,815	13,753	10,175
現金及び現金同等物の期末残高（百万円）	32,488	37,724	45,844	45,444	38,329

　株主還元方針について、「安定した配当の成長の実現を図るとともに、30％以上を目指す」としています。もちろん、利益成長が前提とはなりますが、増配を強く意識しており、株主還元にも積極的な企業と言えるでしょう。

　自己資本比率は上昇傾向にあり、現在は70％以上と極めて健全な財務状況となっています。営業キャッシュ・フローはプラスで推移しており、手元キャッシュも潤沢にあり、事業基盤は盤石です。

　パイロットは長期的な経営戦略・方針として、パイロットグループ2030年ビジョンを策定しています。

〈パイロットグループ　2030年ビジョン〉
　世界中の書く、を支えながら、書く、以外の領域でも人と社会・文化の支えとなる
■グローバル筆記具市場No.1 ～海外事業拡大・国内シェア堅持
■非筆記具事業を第2の柱として成長～売上高構成比25％
■環境・社会・従業員への価値提供～持続可能な地球・社会づくりへの貢献

　パイロットは既存事業の強みを堅持しつつ、海外事業を拡大していく

戦略を採用しています。

　また、筆記具で培った技術を活かした新規事業を創出・成長させることで、非筆記具事業の売上高構成比を 25％に拡大し、第 2 の柱とすることを目標としています。

　みなさんは、企業が既存領域の強化だけでなく、新規事業を創出していくのはなぜだと考えますか？

　その理由は、どんなに優れた製品やサービスであったとしても、その競争力が長期間にわたって維持されることは極めて稀で、**何もしなければ衰退してしまうのが世の常だからです。**

「市場へ新しい製品を投入して、その製品の競争力が失われる前に、また新たな製品を投入する」というサイクルの繰り返しで、ビジネスは継続性のあるものとなっています。

　ちなみに、このような製品やサービスが市場に投入されてから撤退するまでのプロセスを体系的にまとめた理論があり、マーケティング（※顧客の課題を把握し、価値を提供する企業活動のこと）の世界では、プロダクトライフサイクル（PLC：Product Life Cycle）と呼ばれています（**図 1-4**）。

　一般的に、サイクルには次の 4 つの段階があると言われています。

①導入期：製品やサービスを市場に投入した直後の段階です。需要や売
　　　　　上が小さく、消費者の認知を高め、市場拡大させることが最
　　　　　優先課題となります。広告宣伝費もかかるため、利益はほと
　　　　　んど出ません。

②成長期：市場規模が成長し、売上と利益が急拡大する段階です。次第
　　　　　に競合他社が市場に参入して競争が激しくなります。消費者
　　　　　のニーズも多様化するため、差別化により自社製品のブラン
　　　　　ド力を高め、市場に浸透させることが重要となります。

③成熟期：製品やサービスが広く顧客に行き渡ることで市場の成長が鈍
　　　　　化し、売上が頭打ちになる段階です。その一方で、この段階
　　　　　では、導入期や成長期のように広告コスト等もかからないた

図1-4　プロダクトライフサイクルの概要

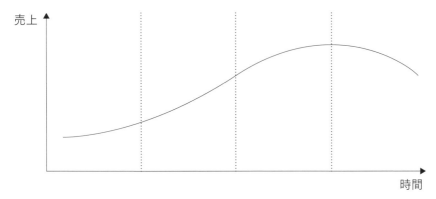

	導入期	成長期	成熟期	衰退期
売上	低い	急成長	安定	低下
コスト	高水準	高水準	低水準	低水準
利益	マイナス	増加	最大化	低下
競合他社	ほとんどなし	増加	安定	減少

め、利益は最大化されます。

④衰退期：市場規模が縮小し、売上や利益が減少していく段階です。競合他社は、新たな市場を探し撤退していきます。

　パイロットは「ドクターグリップ」や「フリクションボール」などのヒット作だけでなく、数多くの新商品を市場に投入しています。
　プロダクトライフサイクルの観点から、常に新しい商品を開発し続けていく必要があるためです。
　このたゆまぬ努力が多くの商品カテゴリーでの事業展開を可能とし、世界中で販売することで業界トップクラスの安定した経営基盤を築くに至っています。

　パイロットは、10年以上にわたり減配をおこなっておらず、2015年12月期以降は毎年の増配を継続しています。ここ数年、配当利回りは

1%半ば〜3%弱で推移していますので、**配当利回りが3%に近づいた際には投資を検討してみるのもいいでしょう。**

　また、株主優待制度を導入しており、100株以上の保有で実用筆記具セットをもらうことができます。さらに5年継続保有することで、株主限定仕様の高級筆記用具セットがプレゼントされます。

　長期保有するインセンティブもあり、個人投資家としては楽しみながら保有を継続できる銘柄ではないでしょうか。

世界トップクラスの医療機器メーカー・ナカニシ（7716.P）

ナカニシは、栃木県に本社を置く歯科医療用製品で世界首位級のグローバル医療機器メーカーです。世界140カ国以上の国々で販売実績があり、海外売上高比率は80％を超えており、グローバルに事業をおこなっています。

地域別売上高比率は、欧州、北米、国内、アジア、中近東・南米・オセアニアなどにバランス良く分散され、特定の地域に依存しない体制を構築しています。

そのビジネスは、歯科医療用製品、外科医療用製品、一般産業用製品の3つの領域で展開。

デンタル事業では治療用ハンドピース、技工用マイクロモーター＆ハンドピース、外科用ハンドピース及び滅菌器等を、サージカル事業では脳神経外科をはじめとする外科領域で必須の骨切削機器等を、機工事業では手作業用グラインダー及び機械装着用スピンドル等を製造・販売しています。

ナカニシの有価証券報告書から経営指標等の数値を確認していきましょう（**図1-5**）。売上高はコロナ禍の影響を受けて一時的に減少したものの、長期的には増加傾向にあります。

経常利益も売上高の伸びに応じて伸長しており、業績は堅調と言えます。利益率は製造業としては驚異的な水準で、コロナ禍の最も業績が悪化した際にも25％以上を確保しています。

1株利益も長い目でみれば増加傾向です。自己資本比率は80％以上を維持しており財務基盤は堅牢です。

自己資本利益率はコロナ禍の時期を除けば10％以上となっており、高い資本効率を維持していることが読み取れます。営業キャッシュ・フローはプラスで推移し、手元キャッシュも潤沢です。

事業基盤は盤石で、事業継続に不安はないでしょう。

図1-5　ナカニシの経営指標等

決算年月	2019年12月	2020年12月	2021年12月	2022年12月	2023年12月
売上高（千円）	35,418,516	33,055,477	44,857,730	48,671,452	59,692,369
経常利益（千円）	9,841,247	8,627,762	13,951,666	17,646,562	17,238,331
利益率（％）	27.8	26.1	31.1	36.3	28.9
1株利益（円）	81.97	74.49	116.73	145.48	268.04
1株当たり配当額（円）	30	30	37	46	50
自己資本比率（％）	93.2	92.3	87.5	88.4	80.2
自己資本利益率（％）	10.2	8.7	12.7	14.4	22.4
営業活動によるキャッシュ・フロー（千円）	7,021,964	9,183,986	11,970,529	7,764,417	8,549,399
現金及び現金同等物の期末残高（千円）	24,669,800	30,044,771	34,887,816	31,648,571	25,972,808

　ナカニシの長期ビジョンである「VISION2030」では、「ダントツの『最優良グローバル医療機器メーカー』になること」を目標に掲げていて、以下のように定義されています。

　「デンタル・サージカルのグローバル市場において　世の中にない革新的な製品を次々と生み出し　全世界の人々の健康寿命の延伸に大きく貢献できる ONLY ONE のメーカーになること」

　この VISION2030 を実現するために、以下の5点に力点を置いています。

▼デンタル・メディカル グローバル市場シェア拡大　世界のお客様のニーズを把握
▼RD・A1 におけるスピーディーな開発と最高の品質の実現（※ RDは研究開発の中核拠点、A1 は生産の中核拠点）
▼内製化率85％　自社で技術を究める　ダントツのコスト競争力実現
▼新たな医療領域・新たなニーズへのチャレンジ（協業・M & A の活用も含め）

▼海外売上比率約80%　全世界に強い販売・サービスネットワークを
構築

　これらの施策を現実のものとしてくれるのが、強みである超高速回転
技術であり、この技術をコアに事業を展開しています。
　ナカニシにおける超高速回転技術のように、他社が模倣することが困
難で競争優位の源泉となるような能力のことを、コア・コンピタンス
（Core Competence）と呼びます。
　直訳すると、コアは核、コンピタンスは能力で、その企業における中
核となる能力（強み）という意味です。

　コア・コンピタンスの概念は、ゲイリー・ハメルとC. K. プラハラー
ドが1990年に共同で発表した論文『The Core Competence of the
Corporation』において、「顧客に対して、他社にはまねのできない自社
ならではの価値を提供する、企業の中核的な力」とされています。
　具体的には、以下の3つの条件を満たす能力となります。

1．その能力は競合他社に模倣されにくい
2．その能力を活かして他の事業へも展開できる
3．その能力は顧客価値を創出できる

　ナカニシは、ダントツの超高速回転技術という模倣されにくい技術を
中核に、新たな医療領域・新たなニーズに対応すべくチャレンジし、ス
ピーディーな開発と最高品質を実現、全世界へのサービスネットワーク
を構築することで顧客価値の創出を試みています。

　業界首位級の企業は、競争力を維持するためのコア・コンピタンスを
有していることがほとんどです。投資を検討する際には、その企業にお
ける中核的な能力（強み）とは何かを考えてみることは、有意義である
と言えるでしょう。

　ナカニシは、特別配当や記念配当を除いては、10年以上減配をおこ
なっていません。
　堅調な業績が続いていることや財務の堅牢性を鑑みるに、大きく減配

されるという事態はそうそうないでしょう。このような減配可能性の低い銘柄は、配当利回りのレンジを参考にしつつ投資を検討することも可能です。

　ここ数年の配当利回りは、1%半ば〜2%半ばで推移しています。したがって、**配当利回りが2%半ばを上回った際には、投資妙味が増しているという考え方もできるでしょう。**

海外売上高比率 8 割の SHOEI（7839.P）

　SHOEI は、オートバイ用ヘルメットの製造・販売を主たる事業とし、高品質で高付加価値のついたプレミアムヘルメットと呼ばれる市場において世界首位のメーカーです。

　海外売上高比率は 80％前後で推移しており、世界のプレミアムヘルメット市場における売上高の半数以上を占めています。

　その分野において、世界トップクラスの知名度を誇りますが、ヘルメットの製造は国内に限定し、海外の連結子会社は販売やマーケティングを担っています。

　SHOEI の経営方針では「Made in Japan で勝負します」と国内での製造を徹底しており、その理由として以下のように記載されています。

「弊社の最大の資産は過去 60 年間で築き上げたブランドです。そのブランドは『かっこいい』『安全』『機能的』『かぶり心地がいい』というお客様の声によって支えられております。

　弊社のヘルメットは『造形（デザイン）・製品開発』『品質保証』『生産』という相互にトレードオフするミッションを全うして初めて市場に送り出されますが、ここが弊社の競争力の源泉であり、いずれのミッションが海外に移転しても現在のブランドを維持できないと考えています。

　他社ではコストダウンを目的として生産部門を海外に移転するケースが散見されますが、弊社は海外移転によるメリットよりデメリットの方が圧倒的に大きいと判断致します。

　Made in Japan で勝負し続けることこそが、ブランド力を高く維持し、競争力を保ち続ける為に弊社が取るべき唯一の選択肢であると確信しております」

　グローバルに事業を展開している企業で、Made in Japan にこだわり、それがブランド力の源泉と捉えている点は独自性があると言えま

図1-6　SHOEI の経営指標等

決算年月	2019年9月	2020年9月	2021年9月	2022年9月	2023年9月
売上高（千円）	18,616,239	19,479,662	23,752,536	28,953,513	33,616,724
経常利益（千円）	4,179,401	4,746,444	6,092,271	8,503,518	9,858,156
利益率（％）	22.5	24.4	25.6	29.4	29.3
1株利益（円）	53.29	61.94	82.09	112.18	131.73
1株当たり配当額（円）	26.5	31	41	56	66
自己資本比率（％）	82.5	75.0	77.9	77.7	82.7
自己資本利益率（％）	20.4	21.8	25.8	29.1	28.3
営業活動によるキャッシュ・フロー（千円）	3,382,735	4,542,016	5,215,764	6,027,263	6,354,767
現金及び現金同等物の期末残高（千円）	9,018,224	9,383,136	11,426,062	13,887,217	14,767,282

す。

　かつての製造業において、Made in Japan は世界最高水準の品質を意味しました。現在も誇りとこだわりを持って、世界最高の製品を提供し続けようと地道に努力を重ねる企業姿勢は、株主にとっても応援したくなるのではないでしょうか。

　SHOEI の有価証券報告書から経営指標等の数値を確認していきましょう（**図 1-6**）。

　売上高、経常利益は堅調に推移しています。

　コロナ禍においても業績を伸ばしており、これは密閉・密集・密接という三密を避ける移動手段として自動二輪車の需要が拡大したためです。

　利益率は 20％を超える水準で推移しており、その競争力の高さがうかがい知れます。

1株利益は増加傾向で、1株配当も業績の伸長に応じて増加傾向にあります。

　自己資本比率は70%以上を維持しており、財務基盤は堅牢です。自己資本利益率はかなり高い水準にあり、資本効率はかなり優れていると言えるでしょう。

　営業キャッシュ・フローはプラスで推移しており、手元キャッシュも豊富に確保されています。事業継続に何の不安もありません。

　SHOEI の経営は、以下の方針に基づいています。

1）健全な財務体質により、事業継続を長期にコミットします。
2）Made in Japan で勝負します。
3）お客様の声に耳を傾けます。

　SHOEI は1992年に資金繰りの悪化から会社更生法の適用を申請していることもあってか、財務健全性を重視しています。前述のとおり、ブランド力を高く維持するために「Made in Japan で勝負」するとしています。

　また、「お客様がご希望される製品を供給することが、企業としての使命であり、存在意義であると確信致します」と顧客志向のビジネスを展開していくことに強い使命感を持っています。

　SHOEI にとって「最大の資産は過去60年間で築き上げたブランドです」とあるように、ブランドは競争力を維持するのに極めて重要な要素となっています。

　マーケティングの世界では、ブランドエクイティ（Brand Equity：ブランドが持つ資産価値。ブランドを資産として捉える）という考え方があります。一般に、ブランドエクイティの構成要素として、次の4つを挙げることができます。

1．ブランド認知
　ブランド認知とは、そのブランドがどの程度知られているか、どのよ

うなイメージを持たれているかのこと。

　多くの人は普段から見慣れた商品を好み、信頼を置く傾向にあることから、ブランド認知の高い方が消費者から選択される可能性が高くなります。

2．知覚品質

　知覚品質とは、商品に対して消費者が認識している品質のことです。知覚品質には、単に商品の品質だけではなく、信頼性、サービス、雰囲気などの目に見えない価値も含まれています。

　商品やサービスを比較した時に、消費者は知覚品質の高い商品、サービスを選好する傾向にあります。

3．ブランド連想

　ブランド連想とは、消費者が、そのブランドに関して連想できる、すべてのものを指します。たとえば、マクドナルドのブランド連想であれば、ハンバーガー、マックフライポテト、マックシェイク、マックカフェ、朝マック、ハッピーセットなど。

　ブランドに良い印象を持ってもらうことで、差別化が難しい同業他社の類似商品・サービスに対して、優位性を確保できます。

　そのため、ブランドにどのような連想を持たせるか、また、いかにして連想をブランドと強く結びつけるかが重要です。

4．ブランド・ロイヤルティ

　ブランド・ロイヤルティとは、消費者がブランドに対してどの程度の忠誠心や愛着を持っているかを指します。ブランド・ロイヤルティは、一度獲得すると失われにくく、安定的な利益を確保しやすくなることから、極めて重要な要素となります。

　SHOEIは最高の製品を作り、顧客のニーズに応え続けることで自社ブランドの価値を高め続けています。**数十年という長い時間をかけて積み上げてきたブランドエクイティは、SHOEIの最も重要な資産であり、競争力の源泉と言えるでしょう。**

　SHOEIの利益還元方針は、「配当性向を重視した『業績に対応した成

果の配分』を行うことを基本方針としており、財務体質および経営基盤強化のための株主資本を充実するとともに、連結配当性向50%を目処とした期末配当を実施する所存であり、現状では、期末配当以外の利益配分は考えておりません」となっています。

　つまり、利益還元方針どおりに配当するのであれば、業績次第で減配されるということ。

　減配可能性が一定程度ある銘柄については、配当利回りのみで投資を検討することはかなり危ういため、PERやPBR等とあわせて投資判断をおこなった方が無難でしょう。

ブランドエクイティを重視した経営をおこなっているのがSHOEIだ

センサ事業に集中戦略・日本セラミック（6929.P）

　日本セラミックは、鳥取県に本社を置く赤外線センサで世界シェアトップのメーカーです。赤外線センサの他に、超音波センサにおいてもセンサ業界では世界的な知名度を誇っています。

　鳥取県に本社を置く企業としては初めての株式上場企業であり、研究開発拠点も鳥取市に置いています。営業拠点は日本の他にアメリカ、イギリス、香港にも置いており、グローバルに営業活動をおこなうことで、海外売上高比率は40％を超えています。

　日本セラミックの製品を直接的に目にすることは少ないと思いますが、日常生活で知らず知らずのうちに利用している人がほとんどでしょう。赤外線センサはエアコンにも実用化されており、人の居場所や床温度を検知して、風向きや温度を制御しています。防犯の分野では、人感センサとして侵入者を検知し、警報や照明の点灯などにも使われています。

　超音波センサは自動車向けの需要が増加しています。たとえば、自動車の前後バンパーに装着され、障害物や人までの距離を測定します。
　また、車内の防犯装置にも利用されていて、ドアがこじ開けられたり、窓ガラスが割られたりするような振動を異常として感知する機能を持っているのです。

　日本セラミックの有価証券報告書から経営指標等の数値を確認していきましょう（**図1-7**）。
　売上高はコロナ禍の影響を受けて減少した時期もありましたが、長期的には増加傾向です。経常利益も減少した時期はあるものの、長い目で見れば右肩上がりと言えるでしょう。

　利益率は業績が悪化した時期にも15％以上を確保しており、競争力を有することの証左となっています。配当金は、過去には減配を余儀な

図1-7　日本セラミックの経営指標等

決算年月	2019年12月	2020年12月	2021年12月	2022年12月	2023年12月
売上高（百万円）	18,575	17,116	21,358	23,258	24,449
経常利益（百万円）	3,570	3,008	3,940	4,946	5,313
利益率（％）	19.2	17.6	18.4	21.3	21.7
1株利益（円）	101.06	82.19	110.65	206.00	156.55
1株当たり配当額（円）	70	70	100	125	100
自己資本比率（％）	89.7	89.2	86.6	82.7	87.1
自己資本利益率（％）	5.4	4.4	5.8	10.3	7.4
営業活動によるキャッシュ・フロー（百万円）	4,073	2,918	3,716	5,087	5,192
現金及び現金同等物の期末残高（百万円）	22,617	20,606	19,330	13,655	15,737

くされたこともありましたが、全体としては増加傾向です。

　自己資本比率は80％以上で推移しており、極めて健全な財務基盤を有しています。自己資本利益率は低い水準が続いていましたが、最近は改善傾向です。

　営業キャッシュ・フローはプラスで推移しており問題ありません。手元キャッシュは減少傾向ですが、自社株買いによりキャッシュアウトしたことが要因。

　とは言え、事業規模に対し手元キャッシュは十分に確保されており、事業継続に何ら不安はないでしょう。

　日本セラミックの経営方針には、「日本セラミックは、センサで人類、地球に貢献します」とあります。

　この方針を実現するための政策の中には「当社が世界的にトップシェ

アの位置にあるセンサ分野では、更なるシェアの向上と新しい用途開発を強力に推進していく」や、「現在当社が生産しているセンサ製品などを最大限利用した人々に優しい、便利で安全、且つ、親切な製品の開発を進める」など、強みであるセンサ事業に経営資源を集中させて、さらなる成長を目指していることがうかがい知れます。

　このように、**特定の顧客・製品群・地域など、特定の分野へ企業の経営資源を集中し、その分野でナンバーワン、オンリーワンを目指す戦略を「集中戦略」と呼びます。**
　競争戦略に関する研究の第一人者として知られているハーバード大学のマイケル・ポーター教授は、その著書『競争の戦略』の中で、企業が長期的に防衛可能な地位をつくり競争相手に打ち勝つための3つの基本戦略（1. コスト・リーダーシップ戦略、2. 差別化戦略、3. 集中戦略）があるとしています（**図1-8**）。

1. コスト・リーダーシップ戦略

　コスト・リーダーシップ戦略とは、コスト面において最も優位に立つことを目的とする戦略です。

　圧倒的な低コストにより高い市場シェアを獲得できると、原材料の大量購入や、さらなるコストの引き下げも可能に。

　低コストが実現するとマージンは大きくなり、利益が蓄積されます。低コストのリーダー的地位を維持するためには、蓄積された利益を最新の設備や機械へ投資し続けることが必要不可欠です。

2. 差別化戦略

　差別化戦略とは、自社の製品やサービスの付加価値を高めて、業界の中でもユニークな地位の獲得を目的とする戦略です。

　差別化に成功すると、顧客のブランドに対する忠誠心や愛着が芽生えます。このことは、顧客が価格によって商品を選ぶのではなく、ブランドによって選択することになり、マージンを高めてくれることを意味します。

3. 集中戦略

　集中戦略とは、狭いターゲットに経営資源を注ぎ込み、特定の分野で

図1-8　3つの競争戦略

		競争優位の源泉	
		高い特異性	低いコスト
戦略ターゲット	業界全体	差別化戦略	コスト・リーダーシップ戦略
		自社の製品やサービスの付加価値を高めて、業界の中でもユニークな地位の獲得を目的とする戦略	コスト面において最も優位に立つことを目的とする戦略
	特定分野	集中戦略	
		狭いターゲットに経営資源を注ぎ込み、特定の分野で圧倒的な地位を獲得することを目的とする戦略（特定分野で差別化、低コスト化を図る）	

出典：マイケル・E・ポーター著『競争の戦略』をもとに筆者作成

圧倒的な地位を獲得することを目的とする戦略です。

　集中戦略が機能すると、その狙いを定めた戦略ターゲットにおいて、コストリーダーの地位を得られるか、差別化に成功するか、上手くいけばその両方が期待できます。

　日本セラミックの会社規模は決して大きくないものの、特定の分野へ集中的に経営資源を注ぎ込むことで、世界シェアトップの座を獲得するに至っています。会社規模は大きくなくとも、局地的には競争優位を確保できているケースの一つです。

　なお、日本セラミックの配当政策は「収益力の向上に努め、事業の発展の基礎となる財務体質を確保した上で、資本コストに配慮した株主還元を行う」としています。

　業績に応じて減配の可能性も一定程度あるため、配当利回りのみをもって投資判断とするよりも、PERレンジやPBRレンジなどを含めて、複合的な投資判断が求められる銘柄となります。

- ①業績が安定している、②高配当の銘柄を、③ PER・PBR レンジの低いところで買うことにより大きな失敗は避けられることを知っておこう
- 特定の分野に経営資源を注ぎ込み、そのニッチ市場において高いシェアを獲得してナンバー 1 を目指す戦略を「ニッチ戦略」と呼ぶことを知っておこう
- 製品やサービスが市場に投入されてから撤退するまでには、4 つの段階（導入期、成長期、成熟期、衰退期）があり、プロダクトライフサイクル（PLC：Product Life Cycle）と呼ばれていることを知っておこう
- 「顧客に対して、他社にはまねのできない自社ならではの価値を提供する、企業の中核的な力」のことをコア・コンピタンスと呼び、具体的には以下の 3 つの条件を満たす能力であることを知っておこう
    1. その能力は競合他社に模倣されにくい
    2. その能力を活かして他の事業へも展開できる
    3. その能力は顧客価値を創出できる
- ブランドを資産として捉えるブランドエクイティの構成要素として、ブランド認知、知覚品質、ブランド連想、ブランド・ロイヤルティを知っておこう
- 企業が長期的に防衛可能な地位をつくり競争相手に打ち勝つための 3 つの基本戦略（1. コスト・リーダーシップ戦略、2. 差別化戦略、3. 集中戦略）があることを知っておこう

第2章

"保有握力"を
劇的に強くする
「経営戦略」のポイント

経営戦略を読み解き、永久保有銘柄を見つける

　第2章では、企業戦略の例として「バリューチェーン」と「プロダクト・ポートフォリオ・マネジメント」を紹介します。

　具体的な事例として、バフェットも保有しており躍進著しい総合商社の中から伊藤忠商事と三菱商事のケースを確認していきます。

　また、戦略立案に向けた環境分析手法の例として「PEST分析」と「SWOT分析」についても解説しています。

　具体的な事例としては、将来的な国内市場の縮小を見据えて環境の変化に対応することで収益源の獲得を模索しているMS＆ADインシュアランスGHのケース、時価総額は500億円に満たない小型株においても伝統的なフレームワークを用いて分析をおこなっている立川ブラインド工業のケースを確認していきます。

　株式投資を始めてからしばらくすると、企業が様々な投資家向け資料を公開していることに気がつきます。これらは、企業業績や経営方針等の情報を株主や投資家へ提供することで、継続的な投資の促進を目的としています。

　そのような**中長期的な経営戦略について理解を深めることで、短期的な株価の動きに右往左往することなく、長期的な視点で投資判断をおこなうことができるようになるのです。**

　私は経営戦略論について、学術的な観点から体系的に学んでいくことにも価値があると考えています。

　ただ、その一方で本書の目的は、個人投資家が投資先企業を深く理解することで長期保有を可能とし、実際に長く株式投資を続けてリターンを着実に得られるようになること。

　そのため、本書では読者のみなさんが企業の投資家向け資料の中でよく目にする、言い換えれば、多くの企業が戦略策定のベースとしている

考え方をピックアップして紹介していきます。

　そうやって企業が採用している戦略の理論的背景を知ることで、投資先企業が長期保有に値するかどうかが判断しやすくなるのです。

　そのような思考のプロセスを経て納得して投資ができれば、その銘柄は遠い将来にわたってもメンテナンスが不要で、単に持ち続けるだけでリターンが積み上がっていく、真の意味での永久保有銘柄となるでしょう。

　それでは戦略の考え方や具体例について、一つひとつ学んでいきましょう。

経営戦略を理解して
長期投資の判断材料と
しよう

多くの企業が活用するバリューチェーンとは？

　バリューチェーンとは、マイケル・ポーター教授がその著書『競争優位の戦略』（ダイヤモンド社）の中で提唱したフレームワークです。

　バリュー（value）は価値、チェーン（chain）は連鎖、という意味で、日本語では価値連鎖と訳されることもあります。このフレームワークを用いて事業活動を機能やプロセスごとに分解して、どの部分がどのような付加価値を生み出しているかを分析することにより、利益の源泉を確認することができるのです。

**　バリューチェーンでは、事業活動を５つの主活動と４つの支援活動に分類しています（図2-1）。**

　５つの主活動とは、製品を製造するために原材料の入手・貯蔵・配分などをおこなう「購買物流」、設備のメンテナンスなども含めた、原材料を加工する「製造」、梱包・保管・輸送・受注処理など、製造した製品を倉庫や店舗に運ぶ「出荷物流」、製品の販売や広告・販促・営業活動などの「販売・マーケティング」、製品やサービスを提供した後の修理・メンテナンスなどのアフターサービス、問い合わせへの対応などの「サービス」のことを指します。

　４つの支援活動とは、経営企画・財務・総務など、企業活動が円滑におこなわれるための支援活動である「全般管理（インフラストラクチャー）」、給与の支払いや社会保険の手続き、社員教育などの「人事・労務管理」、製品開発や品質向上、生産工程の効率化など技術に関する全般の活動である「技術開発」、社外から必要な原材料や物品・サービスなどを購入したり、契約したりする「調達活動」のことをいいます。

　数多くの企業がバリューチェーンの考え方を活用して経営戦略を練っています。たとえば、総合商社では様々な企業へ出資して、協業しながらバリューチェーンを構築しています。

図2-1　バリューチェーンの概念図

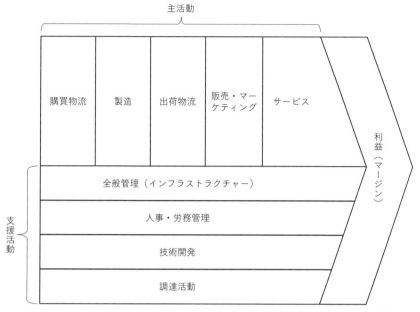

出典：マイケル・E・ポーター著『競争優位の戦略』をもとに筆者作成

図2-2　総合商社のグループ会社

	三菱商事	三井物産	伊藤忠商事	住友商事	丸紅
食品・食料	三菱食品	三井食品	伊藤忠食品	住商フーズ	丸紅食料
流通・小売	ローソン	QVCジャパン	ファミリーマート	サミット	丸紅フットフェア
金融	三菱HCキャピタル	JA三井リース	東京センチュリー	SMFL	みずほ丸紅リース
エネルギー	Eneco	三井石油開発	伊藤忠エネクス	エジェングループ	丸紅エネルギー
その他	日東富士製粉	IHHヘルスケア	CITIC	SCSK	東洋精糖

　図2-2にあるように総合商社のグループ会社は多岐にわたってお
り、ビジネスの川上（資源・原材料）から、川中（製品開発・製造）、
川下（マーケティング・製品販売）に至るまで、一連の流れの中で利益

図2-3　ファミリーマートのバリューチェーン

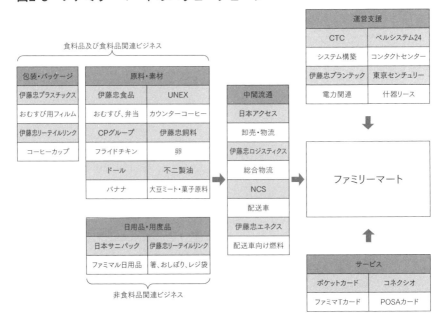

を生み出しています。

　ここでは伊藤忠商事が子会社であるファミリーマートを核としてバリューチェーンを構築し価値の創出を図っている例を確認していきましょう（**図 2-3**）。

　図 2-1 のバリューチェーンの概念図において、「主活動」は顧客から離れた活動を左から順番に「購買物流」⇒「製造」⇒「出荷物流」⇒「販売・マーケティング」⇒「サービス」と並べ、右に向かって顧客に近づいていくという構造となっています。

　ファミリーマートにおける「購買物流」と「製造」の工程では、おむすび用フィルム、再生 PET 利用弁当容器等で伊藤忠プラスチックスが、コーヒーカップ等のファスト・フード包材で伊藤忠リーテイルリンクが携わっています。

　また、おむすびや弁当等の中食では伊藤忠食品が、卵では伊藤忠飼料が、日用品では伊藤忠リーテイルリンク等がそれぞれ担当しているので

す。

　さらに、コンビニエンスストア各店舗への物流は、完全子会社の日本
アクセスや伊藤忠ロジスティクスが、配送車への燃料の提供は伊藤忠エ
ネクスが主にその役割を担っています。

　このような工程を経て、様々な商品が店舗で提供（バリューチェーン
の概念図では「販売・マーケティング」「サービス」）されることになる
のです。

　また、バリューチェーンの概念図における「支援活動」の分野では、
システム構築をCTC（伊藤忠テクノソリューションズ）が、コンタク
トセンターをベルシステム24が、什器リースでは東京センチュリー
が、それぞれ役割を担っています。

　このように様々なグループ会社が業種の垣根を越えてバリューチェー
ンを構築し、価値創出を図っているのです。

　プロダクト・ポートフォリオ・マネジメント（PPM）とは、米コンサルティング会社のボストン コンサルティング グループ（BCG）によって開発されたフレームワークです。

　企業が展開する複数の製品や事業の組み合わせについて、相対市場シェアや市場成長率の観点から現在の位置づけを分析し、経営資源をどのように配分するか、経営戦略策定の際の判断材料として活用されています。

　このPPMでは、縦軸に市場成長率、横軸に相対市場シェアを置き、その高低によってグループを分けます。市場シェアは「相対」となっており、最大の競争相手よりもシェアが高ければ「高」、低ければ「低」とされます。

　つまり、業界シェアトップであれば「高」、2位以下であれば「低」になるのです。これらを整理すると、**図2-4** のように以下の4つの象限に区分できます。

①花形（Star）

　市場成長率が高く、また、市場シェアも高い事業が該当します。市場成長率が高くシェアも占めているため、企業内では力を入れている花形事業とみなされます。

　このカテゴリーでは、市場の成長性が高いことから参入している競合他社も多く、競争に勝ち抜くためには設備投資を増やすなど積極的なキャッシュの投下が必要になるでしょう。

　また、キャッシュアウトも大きくなるため、短期的には収益は期待しにくいものの、市場が成熟期となり必要な投下資本が減少するにつれて、キャッシュインが大きくなり、企業の収益源となります。

②金のなる木（Cash Cow）

　市場成長率は低いものの、相対市場シェアの高い事業が該当します。

図2-4　プロダクト・ポートフォリオ・マネジメント（PPM）

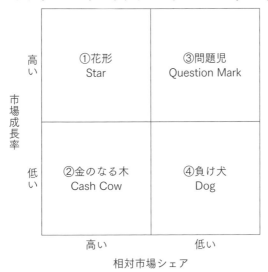

市場成長率の低さゆえ競合他社が積極的に新規参入してくることは稀で、積極的な投資をする必要がなくなります。

つまり、これまでよりもキャッシュアウトが減少することにより、継続的な利益が期待できるようになるのです。もともとは「①花形」の事業が、時間の経過とともに「②金のなる木」に移行していくとイメージしてください。

このカテゴリーに分類される事業は、キャッシュの供給源となっていることが多く、ここで生み出した経営資源（キャッシュ）をどのように活用していくかは、経営戦略上の重要な課題となります。

③問題児（Question Mark）

市場成長率は高いものの、相対市場シェアの低い事業が該当します。市場成長率が高く将来有望なカテゴリーですが、競合他社との競争に負けており、シェアを拡大するために積極的な投資が必要になります。

キャッシュアウトは大きくなりますが、シェアを拡大できれば「①花形」へ移行する可能性があります。その一方で、シェアを伸ばせないままに市場成長率が低くなると「④負け犬」に移行することとなるでしょう。

図2-5　三菱商事の循環型成長モデル

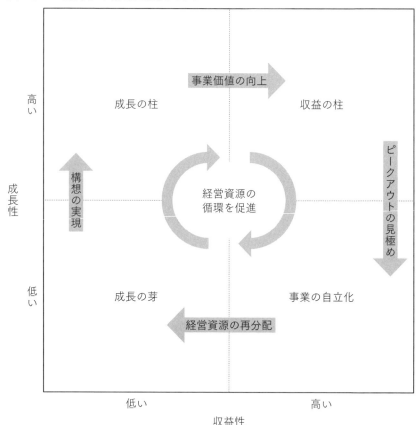

出典：三菱商事『中期経営戦略2024』をもとに筆者作成

④負け犬（Dog）

　市場成長率が低く、かつ、市場シェアも低い事業が該当します。

　市場が成熟し、今後は衰退が見込まれることから、積極的な投資は難しく、また、シェアも低いことから大きなキャッシュインも見込めません。将来性に乏しく、撤退するのが戦略上妥当な選択肢の一つとなります。

総合商社の経営戦略を学ぶ

　それでは具体例を見ていきましょう。ここでは、三菱商事の中期経営戦略 2024 に掲載されている循環型成長モデル（**図 2-5**）について紹介します。この図では、PPM がカスタマイズされ、縦軸に成長性、横軸に収益性が記載されています。現在の成長性は低いものの成長の芽がある事業へ投資し、構想を実現することにより成長の柱とします。

　成長の柱となった後は、収益の柱とするために事業価値を向上させます。その後、事業はピークアウトを迎え、経営資源は成長の芽がある事業へ再分配されます。

**　このように事業環境の変化に応じて経営資源を循環させることで、価値を創出し続けているのです。**

　総合商社のビジネスモデルには事業投資と呼ばれるものがあります。
　これは継続保有を前提に投資をおこない、投資先企業の経営に参画し企業価値を向上させることで、キャピタルゲインや投資先企業からの配当金を得ることを目的としたビジネスです。
　また、投資先企業とグループ内における様々な企業との協業を通して、シナジーを創出することも投資の目的となります。

　かつて総合商社では、取引の仲介をおこなうことで手数料を稼ぐ、トレーディングがビジネスの中心でした。しかしインターネット等の情報網が整備されるにつれて、仲介業者である商社を通さずに直接取引する企業も増え、トレーディングビジネスは縮小を余儀なくされました。
　そして現在では、トレーディングに代わって事業投資がビジネスの大きな柱となっています。
　総合商社は様々なビジネスを展開していますが、PPM や三菱商事の循環型成長モデルを参考にしながら決算資料等を確認してみると、これまで以上に理解が深まり、楽しみながら投資が続けられるようになるでしょう。

PEST 分析で中長期の戦略立案

　PEST 分析とは、自社に影響を与えうる外部環境の変化を政治、経済、社会、技術の 4 つの視点から分類し、マクロ環境を把握することで中長期的な戦略立案に役立てるフレームワークのこと。

PEST とは、Politics（政治）、Economy（経済）、Society（社会）、Technology（技術）の頭文字からとっています。

　ちなみに外部環境は、マクロ環境とミクロ環境の 2 つに分類されます。

　マクロ環境とは、人口構成や技術確認、流行の変化といった大きな範囲を指し、ミクロ環境とは、企業が直接関係する顧客や競合他社の動向など、自社を取り巻く比較的に限定された範囲を指します。

　それでは、PEST 分析における 4 つの要素を確認していきましょう。

■ Politics（政治）

　Politics とは政治的要因のことで、自社に影響を与える法律や行政、政治などの動向を指します。政治や法律などの変化は、ビジネス環境に大きな影響を与えるため、自社のビジネスフィールドに関連する分野についての情報収集と動向の把握が重要です。

　具体的な項目としては、政治の動向、政権交代、法改正、規制緩和、税制の変化などが挙げられます。

■ Economy（経済）

　Economy とは経済的要因のことで、自社に影響を与える景気や経済の動向等を指します。

　たとえば、金利の動向は資金調達の面で大きな影響があります。金利が低ければ支払利息が低くなり、相対的にビジネスが展開しやすくなるもの。

　反対に金利が高くなると、支払利息も増えることからビジネスを展開する際には慎重な判断が求められるでしょう。**為替レートの変化は、グ**

ローバル企業にとって円ベースでの企業業績に大きな影響を与えます。

　通常、円ベースでの決算では、円安となれば業績が良くなり（従来の為替レートよりも、外国で稼いだお金が円換算では大きくなる）、円高となれば業績は悪化します（従来の為替レートよりも、外国で稼いだお金が円換算では小さくなる）。

　多くの企業が経済の動向とは無関係ではいられず、その影響を想定した経営が求められます。

　具体的な項目としては、景気、金利、為替動向、個人消費、賃金動向などが挙げられます。

■ Society（社会）

　Societyとは社会的要因のことで、自社に影響を与える社会環境や消費者のライフスタイルの動向等を指します。

　ライフスタイルの変化など予測しにくいことが多い一方で、人口動態など高い確度をもって予測が可能な項目もあります。生産年齢人口（生産活動の中心となる15～64歳の人口）の減少はほぼ確実にやってくる未来であり、**長期的な事業を計画する際はその影響を踏まえて経営戦略を練ることが不可欠です。**

　具体的な項目としては、生活習慣、人口動態、社会の意識、流行、文化などが挙げられます。

■ Technology（技術）

　Technologyとは技術的要因のことで、自社に影響を与える新たな技術やシステムの動向等を指します。

　インターネットの普及でビジネスのあり方が大きく変わったことからも分かるように、多くの企業にとってテクノロジーの影響は小さくありません。

　自社がターゲットとしている市場でどのような技術が主流となっているのか、また、自社の技術をベースにした商品が市場でどの程度の影響力を有しているのか、その動向を探ることが重要となるのです。

　具体的な項目としては、技術革新（AI、IoT、ビッグデータ等）、特許などが挙げられます。

　それでは、具体例を見ていきましょう。ここでは、MS & AD インシュアランスグループホールディングスの中期経営計画に掲載されている環境認識（PEST 分析）を紹介していきます。（**図 2-6**）

　ここでは、PEST を以下のように定義しています。
P：Politics（ビジネスに影響を与える規制動向）
E：Economy（経済水準・為替・金利等）
S：Society（人口動態・価値観・流行等）
T：Technology（ビジネスに影響を与える技術動向）

　その上で、PEST における各項目の具体例を、全世界と日本に分けて箇条書きで整理しています。

■ Politics（ビジネスに影響を与える規制動向）

全世界
・気候変動対応、脱炭素社会へ向けた規制強化
・資本規制（国際資本基準／ ICS）強化の動き
・分極化の増大やポピュリズム、ナショナリズムの台頭
・人権保護への関心の高まり、法制化の動き、個人情報保護規制の強化
・米中、米ロ緊張の高まり、経済安全保障の重要性の高まり
日本
・ソフト・ロー（コーポレートガバナンス・コード、スチュワードシップ・コード、TCFD、TNFD）の変化
・政策株式削減要請の継続
・監督指針改正に伴うガバナンス強化

■ Economy（経済水準・為替・金利等）

全世界
・新型コロナウイルス（COVID-19）の影響からの回復

図2-6　MS & AD インシュアランスグループホールディングスの PEST 分析

Politics（ビジネスに影響を与える規制動向）	
全世界	・気候変動対応、脱炭素社会へ向けた規制強化 ・資本規制（国際資本基準／ICS）強化の動き ・分極化の増大やポピュリズム、ナショナリズムの台頭 ・人権保護への関心の高まり、法制化の動き、個人情報保護規制の強化 ・米中、米ロ緊張の高まり、経済安全保障の重要性の高まり
日本	・ソフト・ロー（コーポレートガバナンス・コード、スチュワードシップ・コード、TCFD、TNFD）の変化 ・政策株式削減要請の継続 ・監督指針改正に伴うガバナンス強化

Economy（経済水準・為替・金利等）	
全世界	・新型コロナウイルス（COVID-19）の影響からの回復 ・貿易摩擦と貿易協定 ・物価、金利の上昇、金融緩和策の段階的終了 ・ESG 投資の拡大、気候・自然関連開示要請の高まり（TCFD、TNFD）
日本	・日銀の低金利政策の出口戦略 ・自動車販売・保有台数、住宅着工件数の減少 ・シェアリングエコノミー・サブスクリプションビジネスの拡大 ・健康増進、ヘルスケアビジネスの拡大

Society（人口動態・価値観・流行等）	
全世界	・気候変動、自然災害の甚大化・頻発化、巨大地震の発生確率の高まり ・国際紛争の拡大、貧富等格差の拡大・固定化、移民・難民の増加 ・アジア（特にインド）・アフリカの人口増加 ・社会課題解決に向けた取組気運の高まり ・価値観・ライフスタイルの大幅な変更 ・ビジネススタイルの変革（リモート化・オンライン化の進展） ・新型コロナウイルス（COVID-19）流行の影響
日本	・総人口（労働力人口）の減少、地方の過疎化の進行・地方創生 ・少子高齢化の一層の進展、認知症高齢者の増加 ・遠隔医療、オンライン診療の拡大、予防医療の進展 ・インフラ・設備等の老朽化

Technology（ビジネスに影響を与える技術動向）	
全世界	・デジタルプラットフォーマーによる新しいビジネスモデルの出現 ・第5世代移動通信システム（5G）の普及、IoT デバイスの増加 ・デジタル化の進展とサイバーリスク上昇 ・自動車の電動化・新技術の発展、CASE・サポカーの普及、MaaS、空飛ぶクルマ ・データ関連ビジネスの活況、ビッグデータ独占の脅威 ・再生可能エネルギー、水素エネルギー関連技術の発展
日本	・キャッシュレス決済等、デジタル技術の日常生活へのさらなる浸透（Society 5.0 の実現）

出典：MS & AD インシュアランスグループホールディングス『中期経営計画（2022-2025）』をもとに筆者作成

・貿易摩擦と貿易協定
・物価、金利の上昇、金融緩和策の段階的終了
・ESG 投資の拡大、気候・自然関連開示要請の高まり（TCFD、TNFD）

日本

・日銀の低金利政策の出口戦略

- 自動車販売・保有台数、住宅着工件数の減少
- シェアリングエコノミー・サブスクリプションビジネスの拡大
- 健康増進、ヘルスケアビジネスの拡大

■ Society（人口動態・価値観・流行等）

全世界
- 気候変動、自然災害の甚大化・頻発化、巨大地震の発生確率の高まり
- 国際紛争の拡大、貧富等格差の拡大・固定化、移民・難民の増加
- アジア（特にインド）・アフリカの人口増加
- 社会課題解決に向けた取組気運の高まり
- 価値観・ライフスタイルの大幅な変更
- ビジネススタイルの変革（リモート化・オンライン化の進展）
- 新型コロナウイルス（COVID-19）流行の影響

日本
- 総人口（労働力人口）の減少、地方の過疎化の進行・地方創生
- 少子高齢化の一層の進展、認知症高齢者の増加
- 遠隔医療、オンライン診療の拡大、予防医療の進展
- インフラ・設備等の老朽化

■ Technology（ビジネスに影響を与える技術動向）

全世界
- デジタルプラットフォーマーによる新しいビジネスモデルの出現
- 第5世代移動通信システム（5G）の普及、IoT デバイスの増加
- デジタル化の進展とサイバーリスク上昇
- 自動車の電動化・新技術の発展、CASE・サポカーの普及、MaaS、空飛ぶクルマ
- データ関連ビジネスの活況、ビッグデータ独占の脅威
- 再生可能エネルギー、水素エネルギー関連技術の発展

日本
- キャッシュレス決済等、デジタル技術の日常生活へのさらなる浸透（Society 5.0 の実現）

　このように PEST 分析によりポイントを明確化した上で、今後のマクロ環境の変化について、以下のように整理しています。

1. 国内の損保市場は着実に成長しているが、人口減少や、少子高齢化の進展、また、先進安全装置の普及による交通事故の減少などにより、自動車保険や火災保険といった伝統的な市場は、中長期的には縮小していくことが想定される。

2. 気候変動や健康寿命の延伸といった社会課題に対する関心の高まり、デジタル化の進展といった社会環境の変化により、新たなリスクやそれに伴う新たな保険ニーズが出現してきている。

　上記のような手順を踏んだ上で、会社として「環境変化に対応し、新たな価値の創造と事業の変革にグループ一体で取り組むことで、企業価値を持続的に向上させていく」という大きな方針を策定しています。

　企業が中長期的な経営戦略を策定する際には、PEST分析を用いて外部環境分析をおこなっていることも少なくありません。個人投資家向け説明会資料でもよく目にしますので、もしみなさんがどこかで見るようなことがあれば、「しめしめ、これは知っているぞ」と、その分析手法の背景を理解した上で、読み進めることができるはずです。
　理解が深まれば、楽しみも増します。楽しみが増せば、長く株式投資を続ける助けとなってくれるでしょう。慣れないうちは億劫かもしれませんが、最初は誰しもそのように思うもの。できる範囲で、焦らずに少しずつ習得していってください。

SWOT 分析で企業を把握する

　SWOT 分析とは、経営戦略の立案や意思決定をおこなうにあたり、自社の現状を取り巻く環境を把握する際に用いられるフレームワークです。

　自社が保有している経営資源（内部環境）の「強み（Strengths）」や「弱み（Weaknesses）」、外部環境の変化がもたらす自社への「機会（Opportunities）」や「脅威（Threats）」という要素をベースに現状分析をおこないます（**図 2-7**）。

　ちなみに SWOT とは、4 つの要素におけるそれぞれの頭文字をとったものです。

　SWOT 分析における 4 つの要素には、たとえば次のような特徴が挙げられます。

■ 強み（Strengths）

　目標の達成に向けてプラス要因となる、他の競合企業よりも優れていると考えられる特徴。製品の品質、ブランド力、顧客のロイヤルティ、技術力、従業員の練度など。

■ 弱み（Weaknesses）

　目標の達成に向けてマイナス要因となる、競合他社と比較して劣っていると考えられる特徴。品質の低さ、競争力の低下、従業員のスキル不足、ガバナンスの欠如など。

■ 機会（Opportunities）

　目標の達成に向けてプラス要因となる、外部環境の特徴。新しいマーケットや顧客、技術の進歩、需要の拡大、競合他社の脱落など。

■ 脅威（Threats）

　目標の達成に向けてマイナス要因となる、外部環境の特徴。競合他社の成長、新たな規制、マクロ環境の不確実性、技術革新への対応の遅れ

図2-7　SWOT 分析

	プラス要因	マイナス要因
内部環境	Strengths 強み	Weaknesses 弱み
外部環境	Opportunities 機会	Threats 脅威

など。

　項目の整理ができたら戦略策定に向けて、クロス SWOT 分析という手法で多面的に分析していくことが可能です。

強み（S）×機会（O） ⇒ 強みを活かして、機会を最大限に利用できるよう戦略を立案する

弱み（W）×機会（O） ⇒ 弱みを補強して、機会を逃さないよう戦略を立案する

強み（S）×脅威（T） ⇒ 強みを活かして、脅威を機会として活かせるよう戦略を立案する

弱み（W）×脅威（T） ⇒ 弱みを補強して、脅威の影響を最小限にできるよう戦略を立案する

立川ブラインド工業の挑戦を分析

　具体例を見ていきましょう。ここでは、主にブラインドや天窓、ファブリック製品などを製造し、窓まわり製品のリーディングカンパニーである立川ブラインド工業の SWOT 分析を確認します。

　タチカワブラインドグループ中期経営計画〈2023−2025〉では、外部環境認識として、2030 年には人口の 1/3 が 65 歳以上になる少子高齢化、2030 年には 15 〜 64 歳の人口が 2010 年比で 17%減少する労働力不足、2030 年には 70 万戸まで減少する住宅着工戸数など、対応が必要な事象を抽出しています。

　立川ブラインド工業では、労働力不足により人材確保が困難になることも懸念され、住宅市場が縮小する中での売上拡大・利益確保が課題という問題意識を持っています。

　これらの課題に対処するために SWOT 分析を用いておこなったのが、以下のような現状分析です（**図 2-8**）。

　まず強みとして、「窓まわり製品のリーディングカンパニー」、「高品質な製品力」、「多品種、受注生産、短納期」、「強固な財務体質」、「全国の販売網」などが挙げられています。

　一方、弱みとしてあるのが、「人員不足、人員構成の歪み」、「事業拠点、生産拠点の老朽化」、「新素材・新技術等への投資不足」、「当社知名度、ブランド認知度の低下」など。

　機会となり得る外部環境について、「サステナビリティ意識の高まり」、「当社製品購入層の世代交代」、「リフォーム市場の伸長」、「ウィズコロナ、アフターコロナ」、「加速する DX」などが挙げられています。

　脅威となり得る外部環境としてあるのが、「少子高齢化」、「労働力不足」、「住宅着工戸数の減少」、「原材料の高騰」、「運送コストの増加」などです。

図2-8　立川ブラインド工業の SWOT 分析

強み	弱み
・窓まわり製品のリーディングカンパニー ・高品質な製品力 ・多品種、受注生産、短納期 ・強固な財務体質 ・全国の販売網	・人員不足、人員構成の歪み ・事業拠点、生産拠点の老朽化 ・新素材・新技術等への投資不足 ・当社知名度、ブランド認知度の低下

機会	脅威
・サステナビリティ意識の高まり ・当社製品購入層の世代交代 ・リフォーム市場の伸長 ・ウィズコロナ、アフターコロナ ・加速する DX	・少子高齢化 ・労働力不足 ・住宅着工戸数の減少 ・原材料の高騰 ・運送コストの増加

出典：タチカワブラインドグループ中期経営計画〈2023-2025〉をもとに筆者作成

このような SWOT 分析によって導き出された現状認識のもとで、中長期的な会社の経営戦略を策定しているのです。

　立川ブラインド工業の有価証券報告書によると、「ものづくりとマーケティング」、「経営基盤の強化」、「サステナビリティへの取り組み」に注力し、環境や時代のニーズに応じて進化させていくことを基本方針として、それぞれについて主な取り組みを以下のように設定しています。

■ ものづくりとマーケティング

「マーケティングの継続と進化」「技術革新」「生産体制の強化」を三位一体に、メーカーとして、企画、開発、生産、販促を強化していく。

1. マーケティングの継続・進化
・安心、安全、快適、環境を基本とした製品開発と販売促進
・電動製品、間仕切り製品による新たな快適な住空間の提案
・デジタルマーケティングの強化と、リアルとデジタルを融合させたマ

ーケティングの進化
・利益体質強化に向けた基盤づくり

2．技術革新
・技術研究棟の新設により、当社独自の新技術、新素材、新製法等の研究を推進
・メーカーとしての開発基盤を強化

3．生産体制の強化
・生産、物流拠点の最適化と設備の計画的更新
・拠点毎の生産品目を見直し、主力製品、電動製品、間仕切り製品の生産体制を最適化

■ 経営基盤の強化

　将来に向け、事業戦略やマーケティングを推進するために必要な人材の確保と育成、また事業拠点の整備を実施。

1．戦略に必要な人材の確保と脅威
・新卒、中途採用強化と、社員の年齢構成是正、処遇改善推進
・社員の定着率向上や人材活用に向けた研修プログラムの見直し
・社員の多様性拡大、健康運営の推進

2．計画的な事業拠点の整備
・エリアマーケティングの強化に向けた事業所の最適化
・働きやすい職場環境の整備
・太陽光発電装置の設置や照明 LED 化等環境対策の推進

■ サステナビリティへの取り組み

　SDGs に賛同し、ブラインドや間仕切りをはじめとするインテリア製品を通じて、「人にやさしい快適な環境づくり」を提案するとともに、省エネや安全・安心を追求したものづくりを行っている。また、事業を通じて、環境に配慮した取り組みを行い、持続可能な社会への貢献を目指し、積極的な活動を推進。

ESG に関する自社の重要課題解決に向け、サステナビリティ推進室を設置し、具体的な取り組みを強化。加えて、サステナビリティ関連の情報開示に関する事項等の審議を行い、審議結果を取締役会に付議。また、取締役会で決議された事項の進捗管理およびモニタリングを行う「サステナビリティ委員会」を設置し、ガバナンス体制を構築。

　企業が現状分析をおこなうにあたり、SWOT 分析が活用されるケースも珍しくありません。今後、様々な企業の中期経営計画等で目にすることもあるでしょう。
　また、**ご自身の職場で業務改善をおこなう際に、現状分析の手法として活用することも可能です。** そのような機会があれば、ノウハウのさらなる理解と習得に向けて、ぜひトライしてみてください。

資料を深く読み解き、長期保有の助けにする

　この章では、企業戦略策定の際に用いられることも多い、「バリュー チェーン」「プロダクト・ポートフォリオ・マネジメント（PPM）」 「PEST分析」「SWOT分析」について学んできました。

　もちろん、すべての企業がこのような考え方を戦略策定のベースにし ているわけではありませんが、今後、意識して決算説明会資料等を読ん でいると、必ず目にすることになると思います。

　その際は、本書を思い起こしていただくことで、理論的な背景を踏ま えて、より深く資料を読み解くことができるはずです。そのことが、投 資先企業の理解を深め、株式を長期保有するにあたって助けとなってく れるでしょう。

　また、経営戦略策定のフレームワークは上記にとどまらず、無数に存 在しています。もっと知りたいという読者は、巻末の参考文献の中から 読みたいと思えるものがあればチャレンジしてみてください。きっと、 知的好奇心を満たしてくれると思います。

- バリューチェーンの構築を試みている企業は、ビジネスの川上（資源・原材料）から、川中（製品開発・製造）、川下（マーケティング・製品販売）に至るまで、一連の流れの中で利益を生み出そうとしていることを知っておこう
- プロダクト・ポートフォリオ・マネジメント（PPM）とは、企業の展開する複数の製品や事業の組み合わせについて、相対市場シェアや市場成長率の観点から現在の位置づけを分析し、経営資源をどのように配分するかという思考の枠組みであることを知っておこう
- PEST分析とは、自社に影響を与えうる外部環境の変化をPolitics（政　治）、Economy（経　済）、Society（社　会）、Technology（技術）の4つの視点から分類し、マクロ環境を把握することで戦略立案に役立てる手法であることを知っておこう
- SWOT分析とは、自社が保有している経営資源（内部環境）の「強み（Strengths）」や「弱み（Weaknesses）」、外部環境の変化がもたらす自社への「機会（Opportunities）」や「脅威（Threats）」という要素をベースに現状分析をおこなうフレームワークであることを知っておこう

第3章

経営戦略を
「投資リターンに変える」
分析方法

３つの視点から企業の戦略を確認する

　第３章では、個人投資家が企業の経営戦略を、どのようにして投資リターンへ結びつけられるのかについて考えていきます。

　企業への投資を検討する際に最も重要な要素は何でしょうか？

間違いなく「利益」です。

　現代経営学の父と呼ばれるピーター・ドラッカーは、その著書『マネジメント』において次のように書き記しています。

　「利益が諸々の目標を達成するうえで必要となってくる。したがって、利益とは企業存続の条件である。利益とは、未来の費用、事業を続けるための費用である。

　諸々の目標を実現するうえで必要な利益をあげている企業は、存続の手段をもっている企業である。諸々の目標を実現するうえで必要な利益に欠ける企業は、限界的な危うい企業である。」

『ドラッカー名著集13 マネジメント［上］』（P.F. ドラッカー／ダイヤモンド社）より

　利益とは企業にとって「存続の条件」となっています。存続の条件を満たさない、**つまり、利益を生み出すことができない企業への投資は、お金をドブに捨てるようなものです。**個人投資家として、そのような企業へ投資することは避けなくてはなりません。

　逆に安定的に利益を生み出し続ける企業は「存続の条件」を満たしており、検討に値する投資先となります。さらに言えば、利益を成長させている企業は魅力的な投資先と言えるでしょう。

　利益を成長させるためには、売上を伸ばすのがセオリーです。

　なので、各企業が売上を拡大するためにどのような経営戦略をとっているのかを確認し、将来の企業利益拡大を踏まえた投資判断ができるようになれば、**長期的な視野での株式投資が可能となると言ってもいいでしょう。**

売上を伸ばすための大きな戦略のパターンとして、以下の3つの視点を念頭に置いておくと、企業戦略の概要がつかみやすいと思います。

1. 海外へ進出することで、これまでよりも大きな市場で事業を展開する
2. 既存の国内市場でシェアを伸ばす
3. 国内外を問わず全く新しいビジネスを展開して、新たな市場を創造する

　つまるところ、企業は利益を増加させるために戦略を練るのです。そして、持続的に利益を増加させるためには、売上も伸ばし続ける必要があります。
　これはどんな企業にもあてはまる戦略の根幹です。

　国内市場を主戦場としていた企業が海外へ進出し、現地でも受け入れられれば大きなビジネスチャンスとなります。国内市場で着実にシェアを伸ばし続ける企業は、利益も売上に応じて増加します。
　企業が新たな製品を開発し、その製品が世の中のニーズにマッチしているものであれば、事業の拡大が期待できます。
　いずれも利益の拡大に直結するということ。

　企業が将来的に生み出せるであろう利益水準に対して株価が安く推移しているなど、企業の本質的価値と株価に歪みが生じているようであれば、その価値に対して安く投資することができます。
　株価は長期的には業績に連動していきますので、企業利益が増加すれば株価も上昇します。そのような**将来想定される企業利益の増加を経営戦略から読み解くことで、投資リターンに結びつけられる機会は増えるでしょう。**

　この章では具体的な事例として、積水ハウス（海外展開で売上を伸ばす）、全国保証（国内シェア拡大で売上を伸ばす）、NTT（新たな市場を創造して売上を伸ばす）の3社の経営戦略を確認していきます。

積水ハウスの事例
～自社の強みを海外展開することで事業拡大を目指す～

　積水ハウスは、戸建住宅、賃貸・事業用建物、建築・土木、賃貸住宅管理、リフォーム、仲介・不動産、マンション、都市再開発、国際事業を展開している日本でトップクラスのハウスメーカーです。

　人口減少などにより国内の住宅関連市場が縮小、成熟していく中で、大きな可能性が見込める海外市場へ事業を展開させています。

　海外展開を進めるにあたって2008年に国際事業部が発足しており、また、第1次計画（2010年度計画）において、海外事業戦略概要を公表していますので、ポイントとなる点を抽出し以下に紹介します。

・世界的な環境配慮に対する意識の向上を追い風に、当社の持つサスティナブルな街づくり思想や環境技術を、様々な国の文化、習慣と融合させながら、環境に配慮した街づくり、環境に配慮した住宅づくりを目指します。
・リゾート開発といった方向の不動産投資ビジネスを行うのではなく、住環境創造企業として、国内事業の延長線上にある住宅事業に参入し、現地の住環境の向上に寄与することを目指します。
・各国で積極的な事業の拡大を行うために、高品質なプラットホームを即座に築くことができる優良なデベロッパー、ホームビルダーのM＆Aや提携・協力関係の構築を行い、現地に根差した開発・住宅の供給に努めます。

　また、戦略的事業地域の基本条件として以下の3つを設定し、海外での事業展開を開始しました。

・人口が増加し、安定した住宅需要やその拡大傾向が顕著である
・対象国、地域の今後の経済的発展が見込まれる
・環境、省エネに対する取り組みに積極的である

ここでのポイントは、国内事業の延長線上にある住宅事業に参入する点、強みである環境、省エネに対する取り組みに積極的な地域でビジネスを展開しようとしている点にあります。

　その後、2017年のWoodside Homes買収を契機に米国戸建住宅事業に本格進出し、着実に国際ビジネスを拡大させています。

　さらに、2021年にHolt Homes Group、2022年にChesmar Homes, LLCを完全子会社化し、ユタ・カリフォルニア・アリゾナ・ネバダ・オレゴン・ワシントン・テキサスの7州に住宅販売事業展開エリアを拡大するとともに、2023年にWoodside社がアイダホ州で事業を展開するHubble Group, LLCの事業及び関連する土地資産を取得しています。

　2024年1月には、M.D.C. Holdings, Inc.を49億ドルで完全子会社化すると公表しています。この巨額M&Aにより、米国での事業展開エリアを16州に拡大するとともに、2022年度の引渡戸数ベースで全米5位（年間約15000戸）の規模を誇るホームビルダーグループを形成することとなります。

　積水ハウスは、米国戸建住宅事業拡大における3つのステップを公表しており、それは以下のようなものとなります。

ステップ1：米国戸建住宅事業の基盤をつくる（Woodside Homesとともに達成）
ステップ2：米国全土の有望なエリアへ水平展開が完了（Holt, Chesmar, Hubble, M.D.C. Holdings買収により新エリアへの拡大が加速）
ステップ3：積水ハウスを最も体現するSHAWOODを全米展開（積水ハウステクノロジーの移植に一層注力する）

　これらのステップを通じて、グループビルダーと積水ハウスのノウハウの融合を果たし、唯一無二の住宅事業展開を目指すとしています。ちなみにこの本を執筆している現在（2024年3月）はステップ2の段階にあります。

このように積水ハウスは海外へ事業を展開するにあたり、長い時間をかけて入念に準備し、慎重に、そして着実に進めてきました。その結果として現在があるのです。

　短期的には評価されず、株価が低迷する時期もあるかもしれませんが、長い目で見れば売上や利益を成長させられると考えるに値する戦略を立案し実行しています。

　今後、突発的に発生する短期的な理由で株価が下落した際には、長期的には利益成長が期待できるという視点でマーケットと向き合い、**狼狽売りすることなく、むしろ買い増しを選択肢に入れられるようになれば、個人投資家としての技量は高まったと考えて差し支えないでしょう。**

海外へ進出することで、事業の拡大を目指しているよ

全国保証の事例
～国内シェア拡大により利益成長を目指す～

全国保証は、国内で唯一の独立系住宅ローン保証会社です。

金融機関系の保証会社は、親会社や出資元など特定の金融機関のみ提携するのが常ですが、全国保証は独立系であるため、全国各地の様々な金融機関と提携が可能となっているのが強みです。実際に全国700を超える金融機関と提携しています。

全国保証は日本国内で事業をおこなっています。少子高齢化に伴う人口・世帯数の減少により、新築住宅市場の縮小が想定されているのが今の日本。

そのため、事業を拡大するためには海外展開が必須と考える読者もいると思いますが、この企業は海外展開とは違った道を選択しました。

国内市場でのシェア拡大による成長を目指しているのです。

全国保証は中期経営計画において、「更なる成長と価値創造を実現する住宅ローンプラットフォーマーを目指す」をビジョンに掲げ、①基幹事業の拡大、②周辺事業への進出、③企業価値の向上、の3つの基本方針に基づき各種施策に取り組むとしています。

①と②が利益成長のための施策で、具体的には有価証券報告書の中で、以下のように記載されています。

[基幹事業の拡大]

国内の民間金融機関による住宅ローンは、新規貸出額が年間約19兆円、既存貸出残高が約190兆円という巨大な市場規模であり、市場シェアの拡大による成長の余地は十分に存在しております。

新規貸出市場におけるシェア拡大につきましては、商品およびサービスの開発・提供による新たな需要の発掘や、ニッチ需要の機動的な獲得などに取り組んでまいります。

既存貸出市場におけるシェア拡大につきましては、他の保証会社の株式取得による保証債務残高の獲得や、RMBS（住宅ローン担保証券）の

購入などに取り組んでまいります。

[周辺事業への進出]
　更なる成長のため、当社グループの強みを活かし周辺事業への進出を図ることで、収益源の多様化を目指してまいります。具体的には、不動産検索サイト、不動産会社などの様々な業態から案件の受付を可能とする仕組みを構築し、住宅購入希望者が物件を選ぶ前に借入可能額を把握できるサービスを提供します。

　また、住宅ローンや住まいに関する分野でシナジーが見込める会社との協業・M＆Aなどを進めることで、新たな価値創造を行ってまいります。そのほか、グループ会社である、あけぼの債権回収株式会社を活用し、金融機関からの債権管理回収業務の受託を進めてまいります。

　上記のポイントは、今後の成長を海外ではなく国内に求めており、市場規模の大きさと現在のシェアから、さらなる成長が可能と判断している点にあります。
「新中期経営計画 FY2023 ⇒ FY2025 Next Phase ～成長と価値創造～」によると、新規住宅ローン市場での中期経営計画策定時におけるシェアは8％強で、2025年度にはシェア9.5％を目指すと記載されています。

　また、既存住宅ローン市場のシェアは8％強で、2025年度には10％までシェア拡大を図るとしています。
　全国保証は住宅ローン保証の最大手ではありますが、市場が巨大であるため現在のシェアは10％に届きません。
　ですので、不確実性の高い海外で事業展開するよりも、既存の国内事業でシェア拡大を図るという戦略には納得感があります。

　事実、2012年に東京証券取引所第一部（現プライム市場）に上場してから毎年着実に債務保証残高を積み上げ続けており、業績は堅調に推移しています。
　その結果、2012年の上場から10年間で、一株当たり当期純利益は3.5倍、一株当たり純資産は5.2倍、一株当たり配当金は6.9倍と伸長しているのです。

日本の人口が減少に転じて国内マーケットが縮小しているのを物ともせずに事業は拡大し、株主還元にも積極的に取り組んでいるということ。

　全国保証のケースは、国内市場に伸びしろがなくても、海外へ事業展開せずに国内シェアの拡大によって利益成長が実現できている好事例と言えるでしょう。

　そして、利益成長が持続的なものであるならば、それは同時に長期投資により恩恵を受けられることも意味しています。

　個人投資家として将来的なリターンを見積もる上で、そのことに留意しておいて損はないでしょう。

NTT の事例
～イノベーションにより新たな市場を創造する～

NTT は国内首位、世界でも屈指の通信会社です。国内市場が飽和状態にある状況下において、海外での事業展開を進めている企業の一つですが、並行して新しい市場を創造しようとしています。

その根幹をなすものが「IOWN（アイオン）構想」です。

IOWN 構想とは、従来のインフラの限界を超えてあらゆる情報を活用していくため、ネットワークから端末まであらゆる場所に光電融合デバイスなどのフォトニクス技術を活用し、「低消費電力」、「大容量・高品質」、「低遅延」を特徴としたネットワーク・情報処理基盤を実現しようとする構想のこと。

IT 化が加速度的に進んでいる現代社会において、発生するデータ量は増加し続けていて、このような情報を処理するのに必要なのがデータセンターです。

データセンターにはサーバーやネットワーク機器が設置されていて、その内部にはサーバーを収納するラック、インターネットなど外部と接続できる高速回線、大容量電源、冷却装置などが所狭しと並んでいます。

データ量がこのまま増え続けると、データセンターも増設が必要となり、消費電力も増え続けていきます。

脱炭素社会を目指し、化石燃料からの脱却を試みている現代社会にとって、これは大きな課題です。

そんな現況で**NTT が開発した光電融合技術は、コンピューター内の回路同士の処理を電気と光を融合させることで省電力・低遅延を実現し、上記のデータセンターのような課題を解決してくれると期待されています。**

まさに世の中が求めている技術と言えるでしょう。

この IOWN 構想の中核をなす光電融合技術については、NTT のホー

ムページで分かりやすく説明されていますので、以下に紹介したいと思います。

〈エネルギー問題の解決が期待される「光電融合技術」とは？〉
　データセンターの消費電力問題を救う技術として注目を集めているのが「光電融合技術（こうでんゆうごうぎじゅつ）」です。これは電気信号を扱う回路と光信号を扱う回路を融合する技術のこと。たとえば従来のコンピューターでは、電気のオンとオフを切り替えることで、それぞれ数字の1と0に対応させた「2進数」を用いて計算を実行してきました。しかし電気は回路を流れる際に熱を発生させます。パソコンに複雑な処理をさせると、パソコン本体が熱くなるのはこのためです。パソコンが熱くなるということは、本来必要のない熱を発生させることにエネルギーが使われているということを意味しています。さらに、発熱すると電気の通り道の抵抗が大きくなり計算速度の低下にもつながります。
　そこで、これまで電気で行なっていた計算を、光を用いた処理に置き換える研究が進められています。つまり、コンピューターの内部回路を、できるだけ電気を使わず光でつなぐことを目指し、省電力かつ低遅延を実現させる研究です。光には電気に比べてエネルギー消費が小さく、遅延も起きにくいという大きなメリットがあります。エネルギーの無駄遣いや処理の遅れを大幅に減らすことができるのです。（NTTのHPより）

　IOWNの目標性能は、電力効率100倍、伝送容量125倍、エンドツーエンド遅延200分の1となっています。NTTのIRプレゼンテーション資料によると、IOWNで実現する世界とは以下のようなものとなります。

1. 街・モビリティの全体最適の実現
2. あらゆる制約を超えた共創的な空間の創出
3. 過去から未来の積分による心身の充足
4. 地球環境の再生と持続可能な社会の実現
5. 安心・安全なコミュニケーションの実現

　これは遠い未来の話ではなく、現在のIOWN1.0から2025年度には

IOWN2.0、2029年度にはIOWN3.0、2030年度以降にはIOWN4.0と段階的に性能を向上させ、2030年以降には上記の目標を実現したいとしています。

また、IOWN構想はアマゾン、グーグル、エヌビディア、オラクル、三菱商事など、様々な分野のパートナーとの協創を進めており、着実に前進している現実的なプロジェクトです。

エネルギー問題の解決へ向けて大きな一歩となるNTTの取り組みは、世界が求めているものの提供に他なりません。単なる技術開発で終わらずに商用ベースでも成功させるという強い意志があり、今後のビジネス展開には無限の可能性を秘めています。

このように、既存のマーケットではなく、イノベーションにより新たな市場を創造して事業を拡大しようとしているNTTの株価は、短期的な理由で下落することがよくあります。

しかし、経営戦略を読み解くことで上記のような取り組みについて理解ができていれば、**短期的な株価の下落に惑わされることなく長期的な視点で投資ができるはずです。**

そのことは、長期的には投資家にリターンをもたらしてくれるでしょう。

さて。

ここまで3つの事例を学んできました。企業が公表している経営戦略の資料から、利益拡大のプロセスやロジックを確認できるケースも少なくありません。

通常、株価は目先の利益や過去の成長率に応じて形成されることがほとんど。

けれど、利益拡大のストーリーを長期的な視点で捉えておくことができるならば、一過性の事由により株価が下落した時には、割安に買える大きなチャンスが到来したと認識することができるようになるでしょう。

- 利益とは企業にとって「存続の条件」であり最も大切な要素であ
  ることを知っておこう
- 利益を伸ばすためには売上を伸ばすのがセオリーであり、そのた
  めの大きな戦略として、「海外展開で売上を伸ばす」「国内シェア
  拡大で売上を伸ばす」「新たな市場を創造して売上を伸ばす」と
  いう3つのパターンを知っておこう
- 長期的な視点での利益成長が株価に反映されていない時、投資家
  にとっては割安に買える良い投資機会となることを知っておこう

第4章

フルオートで
お金が増えていく
「投資フレームワーク」

道しるべとなる投資戦略を定める

　ここまで各企業が経営戦略を策定し、それに沿って事業を展開しているケースを確認しました。

　企業が事業の方向性を定める際に経営戦略は有効な手段となりますが、個人投資家レベルでも戦略を活用することにより、投資判断の精度を高めることができます。

　目的を達成するためには、闇雲に行動しても成功はおぼつかないことは誰もが理解していると思います。

　しかし、人間は弱いもので、目先の株価の動きや環境の変化、インターネットで流れてくる多くの情報、他人の意見などに翻弄されがち。

　そこで投資戦略の出番です。**長期的な方針を策定しておけば、悩んだ時に振り返って確認することで、道しるべとなってくれるでしょう。**

　第4章では、投資戦略を策定するための方法を解説します。

　それにはコツ（フレームワーク）がありますので、先達の知恵を拝借して積極的に活用していきましょう。以下に戦略策定の一例を紹介したいと思います。

▼ステップ１：目的の確認

　まずは、株式投資をおこなう目的から考えていきましょう。**目的は何なのかを明確にしなければ、投資戦略の策定は困難です。**

　ゴールが分からなければ、歩むべき道も定まるはずがありません。お金持ちになりたいから、という漠然とした考えの方も多いかもしれませんが、それだとゴールの設定も難しくなります。

　もう一歩、考えを進めて、経済的自立を達成し早期リタイアするため、老後に金銭的な心配をしなくてもいいようプラスαの配当収入を得るため、など目的を具体化することで、投資戦略もイメージしやすくなります。

▼ステップ2：現状分析

　株式投資をおこなう目的が明確になったら、次は現状分析です。今、自分が置かれている状況や環境を確認していきます。

　具体的には、収入と支出がどの程度となっているか把握することが重要です。大雑把でもいいので、お金の流れが分かるように簡単な家計簿をつけてみることをお勧めしたいと思います。どの程度の金額を投資に回せるかが分からなくては、計画は立てられません。

　また、**支出を把握することで、無駄な出費に気がつきやすくなり、これまでよりも生きたお金の使い方ができるようになるでしょう。**

▼ステップ3：戦略策定

　目的を確認して、現状分析（収入と支出の把握）ができれば、具体的な投資戦略を策定します。「戦略」とは、もともとは軍事用語で、「目的を達成するために、資源をどのようにして効率的に配分・運用するか」という概念です。

　株式投資においては、どのようなアプローチで資産運用をおこなうか、という手法が戦略にあたります。具体的な手法（投資戦略）については後述します。

　このステップ1～3で、自分の置かれた環境を踏まえた投資戦略の策定ができました。しかし、それだけでは意味がありません。**実行に移してこそ、価値が生まれるのです。**

　また、戦略を実行してみたものの上手く機能しない場合は、軌道修正が必要になることもあるでしょう。物事が計画どおりに進まなかった際には、大きな不安を感じるかもしれませんが、むしろ、最初から首尾良く運ぶケースの方が稀です。**失敗を繰り返しながら、一歩ずつ前に進めばいいのです。**

　そのような過程を経て、よりよいものが出来上がっていきます。

　失敗は成功のもと。何ら恐れる必要はありません。

　失敗を繰り返したとしても、成功に近づくことができてラッキーと考えましょう。

　上記のような実行プロセスをメンテナンスする際に役立つのがPDCA

図4-1 PDCAサイクルのイメージ

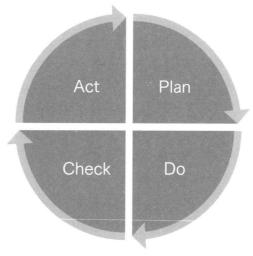

〈PDCAサイクルでは「継続的に」改善を積み重ねることが大切〉

サイクルです。PDCAサイクルとは、Plan（計画）→ Do（実行）→ Check（確認）→ Act（改善）の4段階を繰り返して、継続的に改善していく手法のこと。PDCAとは、この4つの段階の頭文字をとったもので、それぞれの意味は以下のようになります（**図4-1**）。

Plan（計画）　：今後の目標や現状分析をもとにして実行計画を作成する

Do（実行）　：計画に沿って実行する

Check（評価）：実行した結果が計画に沿っているかどうかを評価する

Act（改善）　：計画に沿っていない部分を調べて改善計画を立てる（新たなPlanにつなげる）

　PDCAサイクルは、米国の統計学者・コンサルタントで、品質管理の父と呼ばれるエドワーズ・デミング博士が体系化して整理したフレームワークです。

　1950年代に提唱され、変化が激しく迅速な意思決定が求められる現代においては、もう古いと言われることもあります。

　しかし、株式投資のように中長期的なスパンでの意思決定が求められ

る分野においては、十分な効果を期待できます。シンプルで実践しやすい手法ですので、ぜひ活用していきましょう。

　ここまで、戦略を策定し実践していく手法を学びました。ここからは、前述の「ステップ3：戦略策定」における、具体的な投資戦略の例を紹介していきます。
　みなさんが投資戦略を策定する際の考え方の例として、参考になれば幸いです。

戦略策定後も PDCA
サイクルで「継続的に」
改善を積み重ねよう

ずいっ

配当わらしべ長者投資戦略

わらしべ長者という日本のおとぎ話を知っていますか？

ある貧しい男が最初に持っていたわらをみかんと交換し、次にそのみかんを織物と交換し、というように物々交換を繰り返していくことで、最後には大金持ちになるという話です。わらしべとは、わらのくずを意味します。

投資戦略の基本的な発想は、人気がなく割安となっている（配当利回りが高い）株へ投資して、人気が出て株価が割高となってきた（配当利回りが低い）ところで売却し、それを元手に新たに人気がなく割安となっている株へ投資することの繰り返しです。

株は「安い時に買って、高い時に売れ」とよく言われます。**配当わらしべ長者投資戦略では、「安い」「高い」のモノサシを配当利回りに置き、投資判断としています。**

具体的な手順はシンプルで、以下のようになります。

ステップ1：減配可能性の低い高配当銘柄へ投資
ステップ2：株価が上昇し配当利回りが下がったら、他の減配可能性の
　　　　　　低い高配当銘柄へ入れ替える
ステップ3：ステップ1と2を繰り返す

この戦略を採用する際には、大前提として減配可能性が極めて低い銘柄を選択することが重要です。減配されてしまうと、株価が上がらなくても配当利回りが下がってしまいますので、上記のサイクルが回せなくなってしまいます。

とは言え、減配可能性の低い銘柄を探すことは意外と簡単。**連続増配を続けている銘柄や累進配当（減配せず、増配か配当維持を続ける）を配当政策としている銘柄を選択すればいいだけです。**

インターネットで「連続増配銘柄」や「連続増配株ランキング」、「累進配当銘柄」、「非減配ランキング」などのキーワードで検索すると、必要な情報を得ることができるでしょう。

日経の指数を参考にしよう

　日本経済新聞社は、国内企業の配当に着目した株価指数の「日経連続増配株指数」と「日経累進高配当株指数」の算出・公表を2023年6月30日から開始しており、その構成銘柄を参考にするのも一つの手です。

　構成銘柄を抽出する際には基準が設けられておりますので、確認しておきましょう。

　指数に採用されている銘柄だから無条件で安心というわけではなく、あくまで抽出条件に基づいて機械的に選定しているに過ぎません。

　上記指数の特徴として、「10年以上の連続増配」、「10年以上の非減配」、「高配当」にフォーカスされており、成長性や財務健全性はファクターとはなっていません。

　したがって、銘柄を個別に選択して投資する際には、**配当利回りは高いか、EPS（1株利益）は上昇傾向か、PERは低いか等を一つひとつ精査した上で投資判断をおこなってください。**

■「日経連続増配株指数」の主な特徴

・国内証券取引所の全上場銘柄が対象
・実績ベースの増配を原則10年以上続ける銘柄のうち、連続増配の年数上位から70銘柄を上限に採用
・年1回定期見直しを実施、6月末に入れ替え
・時価総額ウエート方式で算出（日次終値ベースで算出）、各銘柄のウエート上限は5%
・2010年6月末を基点（10000）として遡及算出

■「日経累進高配当株指数」（愛称：しっかりインカム）の主な特徴

・国内証券取引所の全上場銘柄が対象
・実績ベースで減配せず増配か配当維持（累進配当）を10年以上続ける銘柄のうち、日経の予測配当に基づく配当利回りが高い順に30銘

図4-2 「日経連続増配株指数」構成銘柄一覧（2024年3月22日現在）

証券コード	銘柄名	連続増配回数（単位：年）	証券コード	銘柄名	連続増配回数（単位：年）
4452	花王	33	8771	イー・ギャランティ	14
7466	SPK	25	3097	物語コーポレーション	14
8593	三菱HCキャピタル	24	3349	コスモス薬品	14
8566	リコーリース	23	3038	神戸物産	14
4732	ユー・エス・エス	23	4845	スカラ	13
4967	小林製薬	23	5970	ジーテクト	13
9058	トランコム	22	1925	大和ハウス工業	13
9433	KDDI	21	9882	イエローハット	13
9436	沖縄セルラー電話	21	8015	豊田通商	13
9989	サンドラッグ	21	8012	長瀬産業	13
5947	リンナイ	21	4204	積水化学工業	13
8113	ユニ・チャーム	21	9956	バローホールディングス	13
2659	サンエー	20	6750	エレコム	13
2784	アルフレッサ　ホールディングス	19	4205	日本ゼオン	13
7504	高速	19	4768	大塚商会	13
6370	栗田工業	19	2127	日本M&Aセンターホールディングス	13
9843	ニトリホールディングス	19	3837	アドソル日進	13
4527	ロート製薬	19	7976	三菱鉛筆	13
7532	パン・パシフィック・インターナショナルホールディングス	19	4975	JCU	13
8425	みずほリース	18	8283	PALTAC	13
8424	芙蓉総合リース	18	4901	富士フイルムホールディングス	13
9787	イオンディライト	18	4543	テルモ	13
9037	ハマキョウレックス	17	3166	OCHIホールディングス	13
1973	NECネッツエスアイ	16	1930	北陸電気工事	12
7613	シークス	16	8929	青山財産ネットワークス	12
3844	コムチュア	16	1949	住友電設	12
3769	GMOペイメントゲートウェイ	16	8418	山口フィナンシャルグループ	12
4547	キッセイ薬品工業	15	7438	コンドーテック	12
2502	アサヒグループホールディングス	15	9432	日本電信電話	12
4765	SBIグローバルアセットマネジメント	14	9364	上組	12
4206	アイカ工業	14	7990	グローブライド	12
5393	ニチアス	14	9435	光通信	12
2374	セントケア・ホールディング	14	9658	ビジネスブレイン太田昭和	12
4212	積水樹脂	14	2353	日本駐車場開発	12
1414	ショーボンドホールディングス	14	9757	船井総研ホールディングス	12

※算出・公表開始時点の銘柄（予定）、連続増配回数は通期決算期でカウントし変則決算期（12カ月でない）も1年とする。連続増配回数が同じ場合は実績ベースの配当利回りが高い順。上場後の配当が対象で、株式分割や併合を考慮。流動性が乏しく、時価総額が小さい銘柄は未採用。

出典：日本経済新聞社「日経連続増配株指数」のリリースから引用

図4-3 「日経累進高配当株指数」構成銘柄一覧（2024年3月22日現在）

証券コード	銘柄名	累進配当回数（単位：年）	証券コード	銘柄名	累進配当回数（単位：年）
4502	武田薬品工業	41	8316	三井住友フィナンシャルグループ	14
8593	三菱HCキャピタル	31	5857	アサヒホールディングス	13
4008	住友精化	27	6486	イーグル工業	13
5938	LIXIL	25	8595	ジャフコ　グループ	12
5302	日本カーボン	19	4041	日本曹達	12
1951	エクシオグループ	18	9733	ナガセ	12
8418	山口フィナンシャルグループ	16	1941	中電工	12
8354	ふくおかフィナンシャルグループ	15	5020	ENEOSホールディングス	12
8306	三菱UFJフィナンシャル・グループ	15	8411	みずほフィナンシャルグループ	12
7433	伯東	14	3738	ティーガイア	12
8725	MS&ADインシュアランスグループホールディングス	14	8341	七十七銀行	12
4042	東ソー	14	3244	サムティ	12
8309	三井住友トラスト・ホールディングス	14	1719	安藤・間	11
4208	UBE	14	8473	SBIホールディングス	11
8584	ジャックス	14	8630	SOMPOホールディングス	10

※算出・公表開始時点の銘柄（予定）、累進配当回数は通期決算期でカウントし変則決算期（12カ月でない）も1年とする。累進配当回数が同じ場合は予想ベースの配当利回りが高い順。上場後の配当が対象で、株式分割や併合を考慮。時価総額500億円以上が対象。

出典：日本経済新聞社「日経累進高配当株指数」のリリースから引用

柄で構成

・年1回定期見直しを実施、6月末に入れ替え

・時価総額ウエート方式で算出（日次終値ベースで算出）、各銘柄のウエート上限は7%

・2010年6月末を基点（10000）として遡及算出

配当わらしべ長者投資戦略のデメリット

　誤解している人も少なくないのですが、**すべての局面で無条件に対応できるような戦略は存在しません。**

　どのような戦略を採用するにしても留意の必要な点があります。

　配当わらしべ長者投資戦略においては、譲渡益課税（キャピタルゲイン課税）に気をつけてください。

　株式を売却すると、売却益に応じて課税されることになります（利益部分に対して 20.315％が課税）。

　したがって、投資資金として手元に残るのは税引き後の金額となります。銘柄を入れ替える際には、売却後に手元に残る金額（税引き後の金額）で投資することにより、売却前の金額を上回る配当を受け取ることができるのか、事前に試算が必要です。

　また、場合によっては、そのまま保有していた方が利益を上げられた、という結果となる可能性もあります。

　株価が上昇した理由が業績の向上と連動しており、今後の増配が見込めるケースです。

　その場合、増配されれば配当利回りは上昇しますので、あえて売却する必要はなかったということも起こり得ます。

　配当わらしべ長者投資戦略を採用することで得られるメリットと留意が必要なデメリットを理解し、その特性を踏まえて活用していきましょう。

価値と株価の歪みを狙う投資戦略

　株価は短期的には需給で形成されます。株を買いたいと考える投資家が多ければ株価は上がりますし、逆に売りたいと考える投資家が多ければ株価は下がるわけです。

　20世紀を代表する経済学者であるジョン・メイナード・ケインズは、名著『雇用・利子および貨幣の一般理論』において、次のように述べています。

　「玄人筋の行う投資は、投票者が100枚の写真の中から最も容貌の美しい6人を選び、その選択が投票者全体の平均的な好みに最も近かった者に賞品が与えられるという新聞投票に見立てることができよう。この場合、各投票者は彼自身が最も美しいと思う容貌を選ぶのではなく、他の投票者の好みに最もよく合うと思う容貌を選択しなければならず、しかも投票者のすべてが問題を同じ観点から眺めているのである。ここで問題なのは、自分の最善の判断に照らして真に最も美しい容貌を選ぶことでもなければ、いわんや平均的な意見が最も美しいと本当に考える容貌を選ぶことでもないのである」
『雇用・利子および貨幣の一般理論』（J.M.ケインズ／東洋経済新報社）より

　上記は株式投資の世界ではよく知られている、ケインズの「美人投票」に関しての記載です。

　ポイントは、投票者自身が最も美しいと思う写真を選ぶのではなく、他の投票者の好みに最もよく合うと思う写真を選択しなくてはならない点にあります。

　株式投資の観点からは、他の多くの投資家が値上がりするであろうと考える銘柄への投資が有効である、ということを示唆しています。

　この考え方は、短期的なリターンを狙うトレーダーにとっては有効かもしれません。株価は、短期的には需給で形成されるためです。

欲しい人が多ければ株価は上昇し、逆に売りたい人が多ければ株価は下落します。投資先企業の業績や保有資産の価値は考慮されずに、単に上がりそうだからという理由で株価が暴騰することも珍しくはありません。

　その一方で、株価は長期的には業績に連動します。業績が好調で毎年のように1株利益や配当が増加している企業の株価が、いつまでも低迷しているケースは稀と言えるでしょう。
　つまり、長い目で見れば、株価は業績や配当、企業の保有資産などが考慮された「本質的価値」にサヤ寄せされていくことになるのです。
　このような短期と長期の値付けの違いを利用するのが、「価値と株価の歪みを狙う投資戦略」の肝となります。

　この戦略を実行するためには、投資先が長期的に業績が堅調だと見込める銘柄である必要があります。業績が不安定だと、戦略が機能するための条件を満たさなくなるためです。
　したがって、業界首位級、あるいは特定の分野で強みを持っている企業を選択することになるでしょう。

　ここで、第3章でも取り上げた全国保証の例を見てみましょう。全国保証は、独立系の信用保証会社で業界首位となっています。上場以来減配したことはなく、連続増配を継続している株主還元に積極的な企業です。全国保証はストック型のビジネスモデルで、安定的な収益構造を構築しています。

　ストックビジネスとは、一度顧客と契約を結べば、契約が終了しない限り、継続的な利益を得られるビジネスモデルのことです。不動産賃貸やスマートフォンの通信料金、生命保険や損害保険、サブスクリプション（Amazon プライム等）などが例として挙げられます。
　ストック（stock）は蓄えるという意味があり、契約を増やして収益源を蓄えていく（ストックしていく）のが特徴です。

　みなさんの中にも、一度契約を結ぶと変更するのが億劫と感じる方も多いと思います。たとえば、NTT ドコモ、au、ソフトバンクなどの大

手携帯キャリアでスマートフォンや光回線のインターネット契約を結んでいる場合、他社が少しくらい安いサービスを提供していても、すぐにそちらと契約をしようとはなかなかならないはずです。

なぜなら、契約を変更することで、これまでとは違ったシステムに慣れる必要が出てくるからです。

その場合、時間・労力という物理的なコストが発生するため、安いから変更するというような単純な意思決定がなされるわけではありません。

また、これまで慣れ親しんできた操作方法を捨て、また1から使い方を学び直さなくてはならなくなるため、上手くいくか分からないという不安な気持ちもあるでしょう。

契約の変更には、こういった心理的なコストを強いられることもあるのです。加えて、契約変更により初期費用が発生するケースでは、金銭的なコストも発生します。

このように、ユーザーが現在利用している製品やサービスを別の会社へ切り替える際に負担しなくてはならない、物理的・心理的・金銭的なコストのことをスイッチング・コストと呼びます。**このコストが高ければ高いほど、顧客は同じ製品やサービスを使い続けます。**

全国保証のビジネスは、住宅ローンの連帯保証を個人に代わって引き受けるというもの。多くの顧客にとって、住宅は一生に一度の買い物であり、一度契約すればコロコロ乗り換えられる類いのものではありません。つまり、**スイッチング・コストが極めて高く、長期間にわたり安定的な収益が得られる構造となっているのです。**

投資を検討している企業のビジネスモデルが、ストックビジネスなのか、あるいは、売り切り型のフロービジネス（フローは流れを意味し、顧客との関係は商品やサービスを販売して完結となり、都度売上が流れていくビジネスモデル）なのか、**その収益構造を確認しておくことは決して無駄にはならないでしょう。**

自分が理解できる銘柄を選択する

　前節から、全国保証がストック型のビジネスモデルによる安定した収益構造を構築していること、スイッチング・コストが高く、業績が急激に悪化する懸念の少ないことを確認することができました。

　株式投資では不確定な要素が多く、そのことが投資判断を難しくしている側面がありますが、業績が安定している企業は、リターンが見積もりやすく、投資判断の難度が低くなります。

　分かることと分からないことを整理して、分からないことが少ない銘柄（つまり、自分がよく理解できている銘柄）を選択することは、株式投資の世界で生き残る術の一つです。

　全国保証に限らず、株価は短期的には相場全体の影響を受けることが少なくありません。株価暴落時には、業績が安定している銘柄も一緒くたに売られます。

　ただし、業績が安定していれば、株価はいずれ元の水準に戻すことがほとんどです。それを高い確度で期待できるのならば、株価下落は絶好の投資機会となります。

　全国保証の株価と業績の推移を確認していきましょう（**図 4-4**）。

　株価は 2018 年から 2023 年まで一定の変動幅の中で、上昇と下落を繰り返す状態（レンジ相場）で推移しています。

　その一方で、業績は堅調に推移しており、1 株利益は着実に増加しています。

　この期間には、2018 年 12 月に世界同時株安、2020 年 3 月にコロナショック、2022 年 2 月にウクライナショックなど、大きな暴落が発生しました。

　相場全体の暴落に伴って、全国保証の株価も大きく下げることとなりましたが、業績は堅調で配当も増額傾向にある安心感から、**一定期間が経過すると株価は戻していることが読み取れます。**

図4-4　全国保証の株価と業績の推移

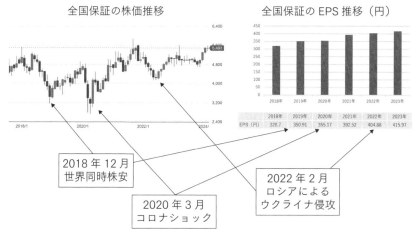

全国保証の株価推移

全国保証の EPS 推移（円）

	2018年	2019年	2020年	2021年	2022年	2023年
EPS（円）	320.7	350.91	355.17	392.52	404.88	415.97

2018 年 12 月
世界同時株安

2020 年 3 月
コロナショック

2022 年 2 月
ロシアによる
ウクライナ侵攻

出典：Yahoo! ファイナンス

　株価が下落すれば配当利回りは上昇します。配当が減額される可能性の低い銘柄であれば、株価下落はこれまでよりも高い配当利回りで投資できる良い機会となります。

　また、高い配当利回りが株価下落のストッパーの役割を果たしてくれることになるため、株価の下落もある程度のところで収まると見通しを立てることも可能です。

　暴落時には株価が過剰反応することから、企業業績などの本質的価値と株価が乖離していることも少なくありません。

　ですが、価値（業績に基づいた企業の本質的な価値）と株価との乖離は、いずれは業績に基づいてサヤ寄せされていくことになります。

　このように、株価の今後の下落幅は限定され、相場が戻れば株価も戻すと確信できるような、**負けても損は小さいという条件が揃った時に投資することを心掛ければ、長期的なリターンが大いに期待できるでしょう。**

岡谷鋼機とオーエムツーネットワーク

　全国保証の例では、利益水準（業績）と株価の歪みに着目しました。

　2023年はPBR1倍割れ是正が話題となったのですが、これは会社の保有する資産の価値に対して株価が低いということも意味しています。

　たとえば、名古屋証券取引所プレミア市場に上場している岡谷鋼機という銘柄があります。**PBRは恒常的に0.5倍を下回り、その割安さから一部の個人投資家の間で話題となることもしばしばある企業です。**

　有価証券報告書で岡谷鋼機が保有している株式を確認すると、トヨタ自動車の株式3300万株保有をはじめとして、その他に日本製鉄や三菱UFJフィナンシャル・グループなど、日本の有力企業の株式を数多く保有しているのが分かります。その評価額は、岡谷鋼機自体の時価総額を大きく上回っている状態が長く続いているのです。

　また、東証スタンダードに上場しているオーエムツーネットワークという食肉小売業を主要事業としている銘柄があります。

　この企業は、保有しているキャッシュから有利子負債を差し引いた金額が、オーエムツーネットワークの時価総額自体を上回っている状態が続いています。

　会社が保有しているキャッシュ以下の値段（株式時価総額）で会社が売られているのは、大きな歪みが発生していると考えられるでしょう。

　とは言え、資産価値の観点から割安であったとしても、その資産を活用して利益を向上させることができていなければ意味がありません。

　したがって、価値と株価の歪みを狙っていく場合は、利益水準（EPSの安定性、PERの低さ）と資産価値（PBRの低さ）の両輪でアプローチするようにしてください。

　また、決算短信や有価証券報告書を確認するのが億劫という場合は、超ざっくりと一見してチェックする方法として、以下の基準を満たして

いるかを確認してみるのもよいでしょう。

利益剰余金－有利子負債 ＞ 時価総額

　利益剰余金と有利子負債の金額は会社四季報に掲載されており、証券会社のアプリ等でも確認することができます。チェックするのに１分もかかりません。

　この基準を満たしていれば投資の安全性は飛躍的に高まるので、あわせて活用してみてください。

「負けても損は小さい」と思える銘柄へ投資しよう

成長性に着目した投資戦略

　成長性に着目した投資戦略では、企業の業績が右肩上がりの傾向にあるかどうかを確認します。企業の業績は置かれた環境に左右されることも多く、いい時もあれば悪い時もあるのが常となっています。

　四半期決算短信に掲載されている直近の業績に一喜一憂する投資家も少なくないと思いますが、3カ月単位で成果が出せるビジネスばかりではありません。

　成果をあげるために、数年単位の時を要することもあります。

　したがって、**短期的な業績のみに意識をフォーカスすると、企業の実力を読み違え、魅力的な投資機会を逸することにもなりかねないのです。**数年単位で業績が向上しているかどうかという、長期的な視点をあわせて持っておいても損はないでしょう。

　業績が堅調な企業は、好業績が長く続くことがよくあります。ビジネスが上手くいっている時には、その傾向が長く続くものです。これは投資を検討する際に、EPSやPERなどの数値だけを見ていると気がつきにくいかもしれません。

　ただ、企業業績の背景には、そこで働いている人が存在しているという当然の事実を意識することでイメージしやすくなります。

　会社勤めの経験がある方は、組織というものはそう簡単には変われないことを、身をもって実感したことがあるのではないかと思います。また、業績が悪化している状態から立て直すには、数カ月程度では足りず、年単位の時間を要するケースが多いこともご理解いただけるのではないでしょうか。

　逆に、堅調な業績が続いている場合、突然それが一気に悪くなるということは起こりにくく、好循環が続くことも珍しくありません。**会社組織というものが人間の集合体である以上、上手くいっている時、反対に上手くいっていない時、そのいずれにおいても変化には時間がかかるのです。**

上記を踏まえた上で業績を確認すると、これまでとは違った視点で数字を見ることができるようになるでしょう。複数年にわたって売上高や営業利益が伸びていれば、ビジネスが上手くいっており、組織が機能していることからもその傾向は続きやすいと考えることが可能です。

　これを株価に当てはめて考えるならば、株価は長期的には業績にサヤ寄せされるため、業績が右肩上がりであれば、右肩上がりのチャートを描いていることが多く、その傾向は続きやすいと言えます。

　「押し目待ちに押し目なし」という相場格言があるように、株価が上昇トレンドで押し目（株価の一時的な下落）を待っていても、買うという決断がなかなかできずに、結果的に高値つかみしてしまうこともよくあります。

　好調は続きやすいということを念頭に置き、一気に買おうとせずに少しずつ投資することで、投資機会を逸することは避けられるでしょう。

　逆に、ビジネスが上手くいっておらず、業績が右肩下がりであれば、株価も右肩下がりのチャートを描いていることがほとんど。その場合、組織を儲けられる体制に立て直すには時間がかかります。

　したがって、**株価が業績の悪化を伴って下落傾向にある場合、それが数年程度は続く可能性があることに留意が必要です。**

　以前の株価に意識が引っ張られてしまい、値頃感から株を買うと痛い目に遭います。どんなに自信があったとしても、株価が下落している最中の銘柄を買う際は、細心の注意を払うようにしましょう。

　大抵の場合、株価は自分が想定している以上に下げるものです。どうしても投資したい銘柄であれば、時間軸の分散を図りながら少額ずつ投資した方が大きなミスを避けられるはずです。

　成長性に着目した投資戦略のポイントは、業績が良いにせよ悪いにせよ、そのトレンドは続きやすいということにあります。

　「連続最高益」や「連続増益」という状態は、会社組織が上手く回っていることを表しています。反対に「減益」や「赤字」という状態は、会社組織が利益を生み出せない体質となっていることを意味していて、これらのキーワードは炭鉱のカナリアとなってくれることでしょう。

中期経営計画で未来を占う

　成長性に着目した投資戦略の根底にあるのは「株式投資とは、投資先企業の一部を保有すること」という投資哲学です。**投資先企業で働いている人たちがどのような仕事をしているかをイメージすることで、投資の精度を向上させていくことができます。**

　また、多くの企業では、3〜5年程度の中期的な目標を定めた中期経営計画を策定しています。企業が考える成長戦略を確認できる資料ですので、今後の成長性を占う上で参考になります。

　たとえば、積水ハウスの「第6次中期経営計画2023-2025」では、2025年度のEPS目標を331.20円としています。また、中期的な平均配当性向を40%以上としており、業績が計画どおりに進捗すれば、EPS 331.20円 × 40%（配当性向）= 132円程度が、2025年度に想定される配当額となります。中期経営計画を見ることで、こういった確認が可能となるのです。

　中期経営計画はあくまでも将来の計画ですので、そのとおりとなるかは誰にも分かりません。しかし、**過去の中期経営計画における計画時の予想と、実際の数字がどうなっているかを確認し、その精度を見積もる**

図4-5　積水ハウスにおける過去の中期経営計画の精度

中期経営計画	2014年〜2016年	2017年〜2019年	2020年〜2022年
当初計画 売上高（億円）	58,500	67,270	78,630
実績 売上高（億円）	57,985	67,348	79,653
乖離率（％）	-0.88%	0.12%	1.30%
当初計画 営業利益（億円）	4,630	6,220	6,360
実績 営業利益（億円）	4,804	5,900	6,781
乖離率（％）	3.76%	-5.14%	6.62%

ことはできます。

　図4-5は、積水ハウスにおける計画時の予想と実際の数字とを表にしたものです。想定している売上高と実際の売上高との乖離はほとんどなく、営業利益についても10%未満の乖離にとどまっており、中期経営計画の精度の高さをうかがい知ることができるでしょう。

株主優待の長期保有特典を活用した投資戦略

　株主優待制度は、一定の株数を保有している株主に対して、自社の製品やサービス、その他カタログギフトやクオカードなどを贈呈する株主還元の一つです。

　その目的は、自社の製品を知ってもらってファンにしたり、自社の知名度を上げたり、安定株主を増やしたりと様々。

　100 株という最小の売買単位を保有することで株主優待を受け取れることも多く、その場合、配当と優待を合わせた総合利回りは、100 株のみを保有することで最も高くなるケースがほとんどです。つまり、**個人投資家の観点から考えると、大口の投資家よりも有利な条件で投資できることを意味します。**

　近年、株主への公平な利益還元の観点から株主優待が廃止されるケースも増えてきましたが、それでも株主優待を実施している企業はまだ1000 社以上もあります。有利な条件がそこに存在しているのであれば、活用しない手はないでしょう。

　株主優待は、権利付最終売買日（配当や株主優待の権利が得られる最終日）までに必要な株数を保有することで、もらうことができます。多くの銘柄は 100 株の保有でもらえることが多いのですが、銘柄の中には 200 株の保有が必要なものや 1000 株以上の保有が必要なものなど、その条件は様々です。

　また、1 年以上の保有を必要とするなど、あわせて保有期間も条件としている銘柄もあります。投資する前に条件を確認しておきましょう。

　株主優待を実施している企業の中には、長期保有することで優待内容がグレードアップする銘柄も存在していて、それらは特にお得感があります。

　たとえば、NTT は株主優待として d ポイントを進呈しています。

図4-6　NTT　dポイントの株主優待を含めた想定利回り

	保有期間						計
	1年目	2年目	3年目	4年目	5年目	6年目	
配当金（円）	500	520	540	560	580	600	3,300
優待(dポイント)			1,500			3,000	4,500
計（円相当）	500	520	2,040	560	580	3,600	7,800
投資額（円）	20,000	20,000	20,000	20,000	20,000	20,000	20,000
想定利回り（％）	2.5%	2.6%	10.2%	2.8%	2.9%	18.0%	39.0%

※株価200円×100株＝20,000円を投資し、配当は1株0.2円／年の増配を想定

2023年7月1日に株式を25分割しており、本書を執筆している現在、2万円弱の投資で100株を保有し、株主優待の権利を得ることができます。

　NTTの株主優待は毎年もらえるわけではなく、優待の内容は、2年以上3年未満保有で1500ポイント、5年以上6年未満の保有で3000ポイントの2回で、同一の株主番号で得られる最大のポイント数は1500 + 3000の4500ポイントとなります。

　ここで、NTTへ100株投資して、6年間保有した際に想定される期待リターンを計算しましょう。
　株価を200円として100株投資し、6年間保有したケースとなっています。
　また、NTTは連続増配銘柄でもありますので、1年に1株当たり0.2円ずつ増配することも想定しています。
　図4-6にあるように、6年間保有した際の配当金とdポイントの合計は7800円相当です。

　これは投資額20000円に対して39％のリターンが期待できるという

こと。6年間の投資を前提とするならば、単利計算でも年6.5％となります。

　5年以上6年未満の継続保有が必要という条件はあるものの、NTTのような超巨大企業で安定的な配当が期待できる銘柄において、このリターンはかなり魅力的と言えるでしょう。

　NTTとしては、dポイントを通して独自の経済圏へユーザーを取り込む等の考えがあると思いますが、これほど投資妙味のある優待株は珍しいと言えるでしょう。

　また、100株のみを家族人数分保有することで、その恩恵を最大限に享受することも可能です。

　このように、株主優待の長期保有特典がある銘柄では、**長く保有することで配当＋優待の総合利回りが大きく上昇するケースも珍しくありません。**

　業績が堅調であることが前提となりますが、そのような銘柄を見つけることができたならば、投資を検討するに値するでしょう。

株価暴落時における生存戦略

　株式投資は、長く続けていれば自ずとリターンもついてくるプラスサムの世界ですが、株価が下落し続けると、「どこまで下がるのだろう」と不安になることも多いと思います。

　その結果、精神的な負荷に耐えられずに、株式投資をやめてしまった個人投資家が後を絶たないというのがこれまでの株式投資の歴史です。

　イタリア、ルネサンス期の政治思想家で、フィレンツェ共和国の外交官でもあった、ニコロ・マキアヴェッリは次のように言っています。

「予測しなかった事故は、立ち直るのに非常な困難をともなう。だが、あらかじめ考えにいれておけば、たとえ不意を襲われたとしても、容易に立ち直れるものである」
『マキアヴェッリ語録』（塩野七生／新潮社）より

　単に続けていればいいだけの株式投資を難しくしているのが株価暴落です。しかし、暴落がどのようなものかを歴史から学び、事前に準備しておけば、何ら恐れる必要はありません。

　逆に**最悪がどの程度かを理解しておけば、株価が暴落中で安くなっている時にも買うことができ、暴落をチャンスと認識するようになるでしょう。**

　それではまず、世界の暴落史に残る規格外の大暴落を確認していきます（**図4-7**）。最も有名なのは、1929年の世界恐慌でしょう。

　ダウ平均株価はピーク時の386ドルから34カ月かけて41ドルまで下落します。その下落率は脅威の89%。常軌を逸しています。

　このウォール街大暴落に比肩するのが日本の資産バブル崩壊です。1989年ピーク時の日経平均株価はザラ場ベースで38957円。最安値をつけたのが226カ月後の2008年で、その下落率は82%となっています。

図4-7　株価暴落時の下落率とその下落期間

	直近高値	最安値	下落率	下落期間	直近高値	最安値
IT バブル崩壊	20,833	7,603	-64%	36カ月	2000年4月	2003年4月
リーマンショック	18,295	6,994	-62%	15カ月	2007年7月	2008年10月
東日本大震災	10,044	8,227	-18%	2日	2011年3月	2011年3月
チャイナショック	20,952	14,865	-29%	8カ月	2015年6月	2016年2月
ブレグジット	16,389	14,864	-9%	1日	2016年6月	2016年6月
コロナショック	23,807	16,358	-31%	1カ月	2020年2月	2020年3月

※ザラ場ベースで算出

〈参考〉　暴落史に残る世界的大暴落

バブル崩壊	38,957	6,994	-82%	226カ月	1989年12月	2008年10月
世界恐慌（ダウ平均）	386	41	-89%	34カ月	1929年9月	1932年7月

　いずれの暴落も尋常ならざる事象であったことは容易にうかがい知ることができます。

　上記の世界恐慌や日本のバブル崩壊については、人間の欲望によりバブルが醸成され、臨界点を超えたところで崩壊するという本質的な部分からの学びがあります。

　ですが、情報通信網が整備され誰もがリアルタイムでマーケットにアクセスできるようになった21世紀型の暴落に対処するためには、2000年以降の暴落を参考にするのが適当でしょう。

　具体的には2000年のITバブル崩壊、2007年のサブプライム危機に端を発した2008年のリーマンショック、2011年の東日本大震災、2015年のチャイナショック、2016年のブレグジット決定、2020年のコロナショックです。

　100年に1度の金融危機と呼ばれたリーマンショックの下落率は62％、ITバブル崩壊の下落率が64％であることを考えると、直近高値からの最大ドローダウンは概ね6割強となっています。

また、底値をつけるまでの下落期間は IT バブル崩壊で 36 カ月です。その後の暴落では、36 カ月を超える下落期間は発生しておらず、3 年程度を最悪の目安と考えればよいでしょう。

　以上のことから、**株価暴落における最悪シナリオでは下落率 60％程度、下落期間 3 年程度を想定してください。**

株価暴落は振り返れば例外なく買いのチャンスだったよ

株価下落時は PBR を！

株価の下落局面で威力を発揮する投資指標が存在します。それが PBR（株価純資産倍率）です。

PBR は株価が 1 株当たり純資産の何倍になっているかを表す指標で、一般的に 1 倍で会社の解散価値（仮に事業をやめて資産を株主へ分配した時の資産価値）と同じとされており、PBR が 1 倍を下回れば割安と考えられています。

歴史をひもとけば、日経平均株価の PBR は 0.81 倍（加重平均）を下回ったことがありません。リーマンショックで 0.81 倍、コロナショックで 0.82 倍、東日本大震災で 0.9 倍です。

株式投資を続けているとたまに遭遇する、2, 3 年に 1 回程度訪れる暴落があります。その際は PBR1 倍程度で下げ止まり、その後は上昇に転じています。

つまり、**絶望的な暴落が発生した時に想定される真の底値は PBR 0.8 倍と見通しを立てることができるのです。**

株価の大幅な下落が断続的に発生すると、SNS 等では「リーマンショック」というキーワードをよく目にするようになり、不安に思われる投資初心者の方も多いでしょう。

ですが、以下のことを理解していれば、過度に恐れる必要はありません。

大きな暴落が発生するためには、事前に株価が暴騰している必要があります。サブプライム危機とリーマンショックが発生する前の日経平均 PBR は 2 倍を上回っていました。

つまり、事前に株価が高くなりすぎていたがために 60％ を超える大暴落となったのです。

その一方で、コロナショック発生前の日経平均 PBR は 1.1 倍を少し

上回った程度でした。リーマンショックは PBR 2 倍強から PBR 0.81 倍までの下落、コロナショックは PBR 1.1 倍強から PBR 0.82 倍までの下落です。

　コロナショックでは、もともとの株価が高くなかったため、リーマンショックのような 60％ を超える下落とはならなかったという考え方もできるでしょう。

　株価下落局面でも、日経平均 PBR がどの程度かを知っておけば、いたずらに恐れる必要はありません。

　人は見通せない未来に恐怖します。

　概ねの底値が分かれば心理的な負荷は全く違ったものとなり、また、PBR 0.8 倍という底値を前提として事前に対策を講じることもできるのです。

　暴落時に底値を見積もれることは、株式市場から退場させられずに生き残る確率を上げてくれるにとどまりません。

　他の投資家が恐怖で株式を手放している時に、それを安値で買い集めることもできるのです。

　また、多くの暴落が PBR 1 倍で下げ止まっていることを勘案すると、PBR 1 倍程度となったら大きく買っていくという戦術もとれます。

　ただし、PBR が 1 倍程度となるのは数年に 1 度ですので、その時のみをピンポイントで狙って買うというのは現実的には難しいと思います。

　普段からポジションをとって相場観を養いながら、暴落時にはいつもより多めに買っていくという方が現実的でしょう。

　なお、PBR に相当する日経平均株価がどの程度か確認したい時には、以下の手順で調べることができます。

①まず日経平均株価の BPS（1 株当たり純資産）を確認
②BPS ＝ PBR1 倍の状態のため、BPS ×調べたい PBR ＝相当する日経平均株価

例：日経平均株価の BPS が 25000 円の場合における、各 PBR に相当する日経平均株価

PBR 1.1 倍のケース　BPS 25000 円 × PBR 1.1 ＝日経平均株価 27500 円

PBR 1.0 倍のケース　BPS 25000 円 × PBR 1.0 ＝日経平均株価 25000 円

PBR 0.9 倍のケース　BPS 25000 円 × PBR 0.9 ＝日経平均株価 22500 円

PBR 0.8 倍のケース　BPS 25000 円 × PBR 0.8 ＝日経平均株価 20000 円

株価暴落は恐れるものではなく資産形成のチャンスだよ

株価暴落時の対処法とは？

　PBRとそれに相当する日経平均株価の計算方法を理解したところで、具体的にどう対処するかを考えていきましょう。

　どんな相場であっても継続的にコツコツと積み立てること、まずは生き残ること、これらが最優先事項となります。その上で、機動的な運用をおこなうためにどうすればいいのか。**株価暴落時に、退場させられることなく投資機会を活かすための一案です。**

　暴落相場では、キャッシュが精神安定剤になってくれることは間違いありません。また、せっかく株価が安くなっても、手元に現金が残っていなければチャンスに投資ができなくなってしまいます。したがって、**投資にまわせる余剰資金を株価の下落レベルに合わせて分割して投資していくのが効果的と考えます。**

　そこで、積み立て用の資金を除いた残りの投資資金をPBRが一定割合下がる度に資金を投入するという手法をとります。仮に現在の日経平均株価が27500円、日経平均株価のBPSが25000円とすると、PBRは1.1倍となります。

　これが、一定割合下がっていくたびに追加投資していきます。仮に100万円の現金があるとすれば、以下のように資金を投入していきます。

PBR 1.05倍（日経平均株価26250円）を初めて下回った時に10万円投資
PBR 1.00倍（日経平均株価25000円）を初めて下回った時に10万円投資
PBR 0.95倍（日経平均株価23750円）を初めて下回った時に10万円投資
PBR 0.90倍（日経平均株価22500円）を初めて下回った時に10万円投資
PBR 0.85倍（日経平均株価21250円）を初めて下回った時に10万円投資
PBR 0.80倍（日経平均株価20000円）を初めて下回った時に10万円投資

　そして、バッファーを持たせるためPBR 0.75倍（日経平均株価

18750円）を下回った時に10万円投資、と買い下がっていきます。この時点でもまだ30万円の余力を残しています。

　このように事前に準備をしっかりとしておくことで、**資金が枯渇することはなくなり、また、下落時の投資機会を逃すこともなく、そして、市場から退場させられることもありません。**

　さらに現金余力があれば、株価が元の水準に戻るにつれて（PBRの上昇過程で）、今度は買い上がっていくことで、安い時に買い増しが可能です。

　株価が反転して上昇局面に転じると、それまでの最安値に意識がアンカリングされて買いにくい展開となります。

　しかし、株価が適正な水準に戻る過程で買い増しを継続することにより、利益を積み増していくことができます。これもルール化して、以下のように買い増しをしていくことで、株価上昇局面において利益を乗せていくことができるでしょう。

　なお、以下は株価暴落がPBR 0.81倍で下げ止まり、上昇に転じてからのケースをイメージしています。

PBR 0.85倍（日経平均株価21250円）を初めて上回った時に10万円投資
PBR 0.90倍（日経平均株価22500円）を初めて上回った時に10万円投資
PBR 0.95倍（日経平均株価23750円）を初めて上回った時に10万円投資
PBR 1.00倍（日経平均株価25000円）を初めて上回った時に10万円投資
PBR 1.05倍（日経平均株価26250円）を初めて上回った時に10万円投資

　株価は振り子のように上がったり下がったりしながら、長い目で見れば上昇傾向にあります。長期的に右肩上がりが前提であれば（歴史はそうなっています）、暴落により一時的に安くなっている時に積極的に投資していくことは理にかなっていると言えます。

　あとは精神的に耐えられるか、心理的な影響をどう克服していくかが課題となりますが、これは上記のように、ルールを設けて機械的に投資することが助けとなってくれるでしょう。

　また、投資する前に、損益分岐点株価を想定しておくのもよいでしょ

う。株式へ投資すると株価ばかりに意識がとらわれがちになります。

　投資した金額よりも株価が上がっていれば利益を得られ、下がっていれば損失を抱えると感じている投資家も多いかと思います。

　しかし、株式投資のリターンはキャピタルゲイン（株式を売却することで得られる売買差益）だけではなく、インカムゲイン（配当など資産を保有していることで得られる利益）を含めたトータルリターンで考えていく必要があります。

　株式を長期間保有しているケースで配当の記録をつけていると、トータルリターンで損をしていることは思いのほか少ないことに気がつきます。保有期間に応じて受け取り配当額は積み上がっていき、多少なりとも株価が下がっても、配当がそれを相殺してくれているのです。
　このように配当を含めたトータルリターンで運用を考える際に役立つのが損益分岐点の算出です。

　図4-8は、NTTへ株価200円、配当5円、配当は維持という条件で投資した際の損益分岐点株価とその時の配当利回りです。1年間保有すると5円の配当が受け取れることから、1年後の損益分岐点株価は195円（投資元本200円−受け取った配当5円）となります。
　2年後には損益分岐点株価は190円（投資元本200円−受け取った配当5円×2年分）となります。
　つまり、NTTへ株価200円の時に投資して、2年後のプラスマイナスゼロとなる株価は190円であることを表しています。

　また、配当が5円で株価が190円であれば、配当利回りは2.63％となります。株価の下落は配当利回りの上昇を意味します。通常、株価が下落し続けて、配当利回りが上昇し続けるということはなく、減配さえなければ株価はどこかの水準で下げ止まります。
　安定的に配当を出す企業においては、配当が株価下落の防波堤となってくれるのです。

　図4-8では、毎年0.2円ずつ増配するケース、毎年0.5円ずつ増配するケースも記載しています。

図4-8 NTTへ投資した際の損益分岐点株価とその時の配当利回り

	配当維持			毎年0.2円増配			毎年0.5円増配		
	損益分岐点 株価(円)	配当 (円)	配当 利回り	損益分岐点 株価(円)	配当 (円)	配当 利回り	損益分岐点 株価(円)	配当 (円)	配当 利回り
現在	200	5	2.50%	200	5	2.50%	200	5	2.50%
1年後	195	5	2.56%	195	5.2	2.67%	195	5.5	2.82%
2年後	190	5	2.63%	189.8	5.4	2.85%	189.5	6	3.17%
3年後	185	5	2.70%	184.4	5.6	3.04%	183.5	6.5	3.54%
4年後	180	5	2.78%	178.8	5.8	3.24%	177	7	3.95%
5年後	175	5	2.86%	173	6	3.47%	170	7.5	4.41%
6年後	170	5	2.94%	167	6.2	3.71%	162.5	8	4.92%

※税金考慮せず。

　NTTは10年以上連続増配を継続しており、また、株主還元に関する基本方針では「株主還元の充実は、当社にとって最も重要な経営課題の1つであり、継続的な増配の実施を基本的な考え方としております。」としており、毎年の増配を想定することは決して楽観的というわけではありません。

　増配の幅については、業績如何という部分もありますので、いくつかシナリオを準備しておいてもいいでしょう。
　株価が暴落した際には、将来の損益分岐点となる株価を計算しておくことで、トータルリターンという視点を持って冷静に相場と向き合うことができるはずです。ぜひ活用してみてください。

この章で伝えたいこと

- 戦略策定の際は、目的を明確にした上で現状分析から始めよう
- 戦略策定後は、進捗を確認しつつ「継続的に」改善を積み重ねることが大切であることを知っておこう
- 配当利回りに着目する場合は、減配可能性に留意しよう
- 割安さに着目する場合は、利益水準（EPS の安定性、PER の低さ）と資産価値（PBR の低さ）の両輪でアプローチしよう
- 「利益剰余金－有利子負債 > 時価総額」で割安さを一見してチェックしてみよう
- 業績は、良いにせよ、悪いにせよ、そのトレンドは続きやすいことに留意しよう
- 株主優待の長期保有特典は旨みがあることが多いため、長期保有した際の総合利回りを見積もってみよう
- 株価暴落の際は日経平均 PBR の推移に応じて資金を逐次投入することで、マーケットから退場させられずにリターンも期待できることを知っておこう
- 株式投資のリターンはキャピタルゲインだけではなく、インカムゲインを含めたトータルリターンで考え、長期保有した際の損益分岐点となる株価を計算してみよう

第5章

「現金比率」問題を
9割解消する
投資賢者のポートフォリオ

新渡戸稲造に学ぶ株式投資の心得

　ここまで解説したような企業の経営戦略を学んだことで、投資先として考えている企業が将来成長するかどうか、業界の動向、投資リスクなどを見通すことができ、その結果、短期的な株価の変動に惑わされたりせずに長期的な視野で投資と向き合えるようになりました。

　そこで第5章では、資産運用におけるポートフォリオの考え方、作り方について考えていきます。

　ポートフォリオとは、株式や債券、不動産、現金等の様々な資産の種類がある中で、どれを選択して、どのような割合で保有しているかという資産構成のことを意味します。

　若い世代であれば、多少のリスクをとっても大きなリターンを求めたいと思う個人投資家も多いでしょう。

　逆に、退職後の生活を視野に入れた50代以降の個人投資家であれば、過度なリスクは避けたいところでしょう。

　リスクをどの程度とるかについては、現金比率をどの程度確保するかという点に尽きると思います。

　現金比率に正解はありません。

　ですが、若い時には失敗しても何度でもやり直しがききやすく、年を重ねるにつれて選択肢が限られていくことを踏まえると、**「投資家自身の年齢と同じ数値の％」を現金で保有することは一つの解となるのではないでしょうか。**

　たとえば、25歳であれば25％を現金で保有して残りの75％を株式等で運用する。50歳であれば50％を現金で保有して残りの50％を株式等で運用する。というような具合です。

　インフレが定着すると、物価の上昇分だけ現金の価値が毀損することになります。これまで1000円出せば6個買えていたカップラーメン

が、5個しか買えなくなる、そんなインフレの時代が日本に訪れようとしています。

　そのため、現金を保有し続けると物価上昇により価値が低減するため、株式を買っておこうという考え方もあると思います。

　ただ、定期的に発生する株価の暴落に対処するためには、現金は極めて重要と言えるでしょう。精神安定剤という意味で、現金は株価暴落時において比類がないほど価値がでてくるのです。

　資産運用によりリターンを得るためには、その大前提として、投資を長く続けていくことが必要です。

　焦らずとも長く投資を続けていれば、リターンはついてきます。

　そして、長く続けるためには、現金の価値を過小評価しないことが大切なのです。

　SNS等での個人投資家の投稿でしばしば目にするのが、現金余力を残さず、少数銘柄への集中投資とレバレッジを大きくかけた信用取引（お金や株式を借りておこなう取引）により、取り返しのつかない損失を被っているケース。

　何年もかけて一生懸命貯めてきたお金が、数週間で、下手をすると数日で失われてしまうのです。

　このような惨状に耐えられるほど、人間の心は強くできていません。後悔してもしきれない、人生を棒に振ってしまうことも起こり得ます。

　短期的なリターンを求めようとすると、それには相応のリスクが必ず内包されていることは決して忘れないでください。

　新渡戸稲造の著書で『武士道』という本があります。そこでは、思慮が浅く、ただがむしゃらに突き進むことを「匹夫の勇」として諫めています。武士道では、勇気について次のように書かれています。

「戦いに臨んで討死をすることは難しいことではない。それはどのような野人でもできることである。しかし、生きるべきときに生き、死ぬべきときに死ぬことこそ、真の勇気なのである」
『武士道』（新渡戸稲造／講談社）より

株式投資においては、知識も経験も少ない状態で信用取引により許容度を超えて投資をすることは匹夫の勇であり、誰もが絶望している株価暴落時に果敢に買っていくことこそ真の勇気と言えるはずです。

　それでは、相場で生き残ることの重要性や現金の大切さを理解したところで、具体的なポートフォリオについて学んでいきましょう。

株価暴落時は「キャッシュ・イズ・キング」になるよ

株式と債券による伝統的ポートフォリオ

　伝統的ポートフォリオでは、投資対象を株式と債券として、その資産配分を株式60％、債券40％として運用します。

　債券とは、国や企業が資金調達する際に発行する証明書（有価証券）のこと。

　債券には満期が設定されており、満期となる償還日には額面金額が投資家に払い戻されます。また償還日までは、一定期日に一定利率の利息を受け取れるのです。

　債券価格は、金利の動向を反映して日々変動しています（※個人向け国債は金利の変動に関係なく、投資して1年経過後に中途換金調整額を支払うことで元本割れすることなく中途売却が可能）。

　債券には、金利が上昇すると債券価格は下落し、金利が下落すると債券価格は上昇するという特徴があります。

　これはたとえば、金利が1％の債券を保有している際に、金利が上昇して金利2％の債券が発行されたとします。そうすると、これまで保有していた金利1％の債券よりも、金利2％の債券の方が魅力的（利回りが高い）なので、金利上昇前に保有していた債券の価格は下落することになるのです。

　同じような特性を持つ資産分類のことを「アセットクラス」と呼んでいますが、**一般に債券というアセットクラスは、ミドルリスク・ミドルリターンと考えられています。**

　伝統的ポートフォリオは、この債券と、典型的なハイリスク・ハイリターンといわれている株式とをあわせて運用することで、将来的なリターンを期待しつつ安全性もある程度確保したいという投資家向けのポートフォリオなのです。

　また、株式と債券は、値動きが逆方向になりやすいという特徴があるといわれています。株式が低迷している時は債券が好調となり、債券が

図5-1　伝統的ポートフォリオ

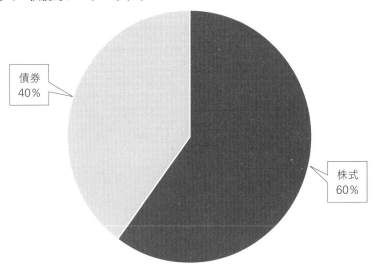

低迷している時は株式が好調となる傾向があるのです。

　なので、**両者を相互に補うことでリスクを減らしつつ運用を進めていくという狙いがあります。**

　伝統的な資産配分は株式60%、債券40%となっていますが、もう少しリスクをとって期待されるリターンを上げたいのであれば、株式の比率を上げて株式70%、債券30%などと調整するのもよいでしょう。

　逆に期待リターンは下がってもいいのでリスクを抑えたい場合は株式の比率を下げて、株式40%、債券60%などとすることも可能です。

　事の本質は、リターンをどこまで求めるか、リスクをどこまで許容できるかにあることを覚えておいてください。

　さて、伝統的ポートフォリオを構築したいと考えた時に、具体的にどのような投資先があるでしょうか。

　これは、投資信託を活用すれば、投資初心者でもこのポートフォリオを意識した投資が可能となります。

たとえば、株式であれば eMAXIS Slim 全世界株式（オール・カントリー）、債券であれば eMAXIS Slim 先進国債券インデックスへ投資することにより、低コストで幅広く分散されたポートフォリオの構築が可能です。

　もしも投資信託を選択するならば、実質信託報酬が低く、純資産総額が大きいかどうかに留意しましょう。

資産三分法のポートフォリオ

　資産三分法とは、保有する資産を「現金」「株式」「不動産」の３つに振り分けて運用する手法です。

　現金はインフレに弱いものの流動性が高い、不動産はインフレに強いものの流動性が低い、株式は流動性が比較的高くインフレに強いもののリスクが高いなど、アセットクラスにはそれぞれ特徴（環境に応じた強みと弱み）があります。

　こういった異なる特徴がある資産を組み合わせて運用することで、どのような状況においても大きな損失を出さない運用を目指すのが、資産三分法のポートフォリオです。

　資産三分法においては、景気がいい時には株価の上昇が資産の拡大に寄与してくれます。逆に景気が悪い時には、株式は下落することが多いものの、これまでよりも安く株式へ投資できるという意味で、現金の相対的な価値が上昇します。

　景気が良くても悪くても住む場所は必要ですので、賃料収入を生み出す不動産の価値は安定的に推移するといわれています。
　このように**景気の良し悪しにかかわらず、安定的な運用を試みることができるのです。**

　また、インフレが進むと、物価が断続的に上昇していきます。現金だけを保有していると、年々同じ金額で買える数量が減っていくことになり、実質的な資産価値は減少してしまうのです。
　これは「見えない税金」や「インフレ税」とも言われています。デフレが長く続いた日本ではまだ実感しにくいかもしれませんが、現金は単に保有しているだけでは、その価値が時間の経過とともに蝕まれていくことになるのです。

図5-2　資産三分法のポートフォリオ

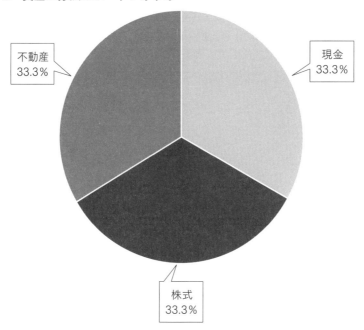

　他方、現金価値の減少は、不動産価格や株価の上昇につながり、株式や不動産を保有していることで、インフレの影響を抑制することができます。

　このように、様々な局面に対応しながら、長期的な運用を試みるのが資産三分法の特徴です。

　投資初心者が参考にするのであれば、現金は個人向け国債（変動10年）で代替することも可能です。

　この国債は、発行から1年経過すればいつでも中途換金可能で流動性は高く、また、投資額の一部のみを中途換金することも可能と、使い勝手がいいのが特徴。

　実勢金利の動きに応じて半年毎に適用利率が変わり、そのときどきの受取利子の金額が増減するため、金利上昇局面では検討に値する投資先となるでしょう。

　なお、元本割れはしないものの、中途換金の際は直前2回分の利子

相当額が中途換金調整額として差し引かれることに留意が必要です。

　株式は、前述の eMAXIS Slim 全世界株式（オール・カントリー）という投資信託を活用するのが最も無難です。

　不動産は、投資初心者が気軽に始められるものではないため、J-REIT（不動産投資信託）を活用しましょう。 その場合、eMAXIS Slim 国内リートインデックスなどが候補として挙げられます。

　また、持ち家の方は、自宅という不動産を既に所有しており、所有している不動産（自宅）を自分自身に貸し出しているという考え方もできますので、積極的に J-REIT 等へ投資する必要はありません。

金利上昇局面では、
個人向け国債(変動10年)
も検討に値するよ

ウォーレン・バフェットが
個人投資家に勧めたポートフォリオ

　世界一の投資家といわれるウォーレン・バフェットですが、実は個人投資家向けに投資方法のアドバイスをしたことがあります。バフェットが会長兼CEOを務めるバークシャー・ハサウェイは、「株主への手紙（Warren Buffett's Letters to Berkshire Hathaway Shareholders）」と言われる年次書簡を毎年公表しており、その2013年版で次のように言っています。

　「私のアドバイスは極めてシンプルです。10％の現金で短期米国債を買い、残り90％の現金でS&P500に連動する低コストのインデックスファンドを買うのです（バンガード社のものを勧めます）。この運用方針によってもたらされる結果は、他の多くの投資家よりも──たとえそれが高い報酬を払ってファンドマネージャーを雇っている年金基金や運用機関などであったとしても──優れたものになると信じています。」
（出典：Warren Buffett's Letters to Berkshire Hathaway Shareholders 2013 より筆者意訳）

　株式の保有比率を90％としていますので、積極的にリターンを取りにいくポートフォリオです。
　短期米国債を10％入れて定期的なリバランスをおこなうことで、株価が高い時は株を売って債券を買い、株価が安い時には債券を売って株を買うという機動的な対応が可能となります。

　ハイリスク・ハイリターンである株式の構成比率が90％となっていますので、株価暴落時は相当な下落を覚悟しておいてください。
　2007年のサブプライム危機からリーマンショックに至る世界金融危機では、S&P500は半値以下となったことに留意しておきましょう。

　これを参考に投資初心者がポートフォリオを構築する場合、**株式はeMAXIS Slim 米国株式（S&P500）への投資で代替が可能です。**

図5-3　ウォーレン・バフェットが個人投資家に勧めたポートフォリオ

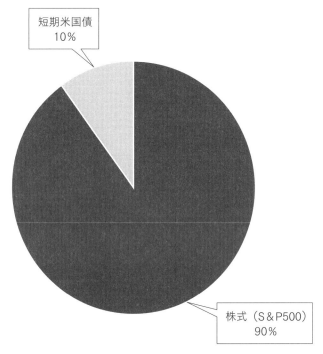

短期米国債
10％

株式（S＆P500）
90％

　短期米国債は元本が確保できる流動性の高い資産という観点から、日本で運用する場合、個人向け国債（変動10年）で代替できると考えます。

ジェレミー・シーゲル博士が推奨している株式ポートフォリオ

　著名な経済学者で個人投資家から絶大な支持を受けているジェレミー・シーゲル博士は、その著書『株式投資の未来』で株式ポートフォリオの配分例を解説しています。

　その中身は、国際インデックス運用のポートフォリオをコアとしながら、市場平均を上回るリターンを狙っていくために、3つの指針に基づくリターン補完戦略を組み合わせているのです。

「配当（Dividend）

　個別銘柄の選択にあたっては、持続可能なペースでキャッシュフローを生成し、それを配当として株主に還元する銘柄を選ぶ。

国際（International）

　世界のトレンドを認識する。このままいけば、世界経済の均衡が崩れ、中心は、米国、欧州、日本から、中国、インドをはじめ発展途上国世界へとシフトする。

バリュエーション（Valuation）

　成長見通しに対してバリュエーションが適正な株を買い続ける。IPOや人気銘柄は避ける。個別銘柄であれ業界であれ、市場の大勢が「絶対に買い」とみているうちは、買わない。」
『株式投資の未来』（ジェレミー・シーゲル／日経BP）より

　シーゲル博士はこの3つの指針を、配当（Dividend）、国際（International）、バリュエーション（Valuation）の頭文字をとって「D-I-V」指針と呼び、銘柄選択の際の柱としています。

　まず、インデックスファンドへの投資比率を50％とし、その比率をさらに細分化して、米国株へ30％、非米国株へ20％というふうに振り分けているのです。

残りの50％は「D-I-V」指針に基づいて、高配当銘柄、米国外のグローバル銘柄、歴史的にリターンの高い、医薬品、生活必需品、エネルギーのセクターに属する銘柄、低PERといった割安銘柄などからピックアップして、それぞれ10〜15％の配分とし、合計して50％となるようにしています。

　これを投資初心者が参考にする場合、**株式については、eMAXIS Slim 全世界株式（オール・カントリー）を選択することで問題ないでしょう。**
　シーゲル博士は株式インデックスファンドにおける米国とその他の割合を3：2としています。eMAXIS Slim 全世界株式（オール・カントリー）は全世界へ分散投資することを目的としていますが、その投資先の国別構成比率は米国が60％程度、その他が40％程度となっており、これはシーゲル博士の推奨比率と概ね一致します。

　残りの50％は、高配当、グローバル、リターンの高いセクター、バリュエーションをキーワードに選択していけばよいでしょう。
　『株式投資の未来』では、4つのキーワードに対してそれぞれ10〜15％の範囲で選択するとしていますが、ここではシンプルに12.5％ずつとします。
　投資信託の中で上場されており、個別株と同じようにマーケットの時価で売買できる金融商品をETF（Exchange Traded Funds：上場投資信託）と呼んでいますが、このETFも活用していきたいと思います。

　高配当では、NF・日経高配当50ETF（証券コード1489）。グローバルでは、eMAXIS Slim 全世界株式（除く日本）。
　リターンの高いセクターでは、医薬品セクターとして、NF・医薬品（TPX17）ETF（証券コード1621）、生活必需品セクターとして、NF・食品（TPX17）ETF（証券コード1617）、エネルギーセクターとして、NF・エネルギー資源（TPX17）ETF（証券コード1618）などを組み合わせることが可能です。
　バリュエーションでは、三井住友DS日本バリュー株ファンドなどがあります。

図5-4　シーゲル博士推奨の株式ポートフォリオ

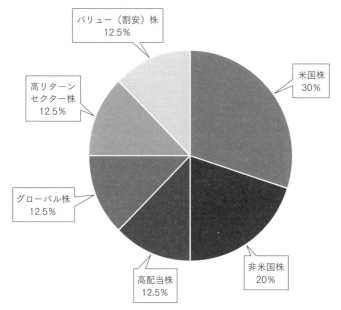

バリュー（割安）株
12.5%

米国株
30%

高リターン
セクター株
12.5%

グローバル株
12.5%

高配当株
12.5%

非米国株
20%

　ところで、資産運用の世界では、「コア・サテライト戦略」と呼ばれるものがあります。これは、資産配分をコア（中核）部分とサテライト（衛星）部分に分けて、コア部分で安定的な運用をしつつ、サテライト部分で高いリターンを求めることで、市場平均を上回るリターンを狙う戦略です。

　コア・サテライト戦略では、一般に70%以上をコア部分に配分します。シーゲル博士の推奨ポートフォリオでは、コア部分が50%となっていますが、その本質は、安定的な運用で土台をしっかりと固めつつ、資産の一部で市場平均を上回るリターンを狙っていく点にあります。
　その意味では、コア・サテライト戦略と考え方が重なる部分があるのかもしれません。

レイ・ダリオのポートフォリオ

　レイ・ダリオは、世界最大のヘッジファンドであるブリッジウォーター・アソシエイツの創業者です。その投資手法は、市場の状況に関係なく、一定のリターンを確保することを目的としており、「オール・ウェザー（全天候型）戦略」と呼ばれています。

　オール・ウェザー戦略では、経済環境を、経済成長期、経済停滞期、インフレ期、デフレ期の4つに分類し、それぞれ25％ずつのリスクをとることで、どのような経済環境下においても安定的なパフォーマンスが期待できるとしています。

　図5-5は、それぞれの経済環境下に対応する金融商品の一覧です。

　金融商品の組み合わせは個人投資家にとって参考になる部分もありますが、各金融商品のリスクを均等に分散させるのは相当な困難を伴うでしょう。

　このように、ポートフォリオに占める各資産のリスクの割合が均等になるように保有することにより、リスクを低減させる運用手法を「リスクパリティ戦略」と呼んでいます。

　ちなみに、リスクパリティ戦略ではボラティリティを一定にするために、複雑な計算を用いて各資産の配分を頻繁に調整しなくてはならず、機関投資家向けの運用手法となります。個人投資家がおこなうのは現実的ではありません。

　「オール・ウェザー戦略は機関投資家向けか」とガッカリした読者もいるかもしれませんが、心配いりません。レイ・ダリオは個人投資家向けに「オール・シーズンズ戦略」と呼ばれるポートフォリオを紹介してくれています。

　オール・シーズンズ戦略に基づいた資産配分は、株式30％、中期米国債15％、長期米国債40％、金7.5％、商品取引7.5％となっています。

図5-5 オール・ウェザー戦略 4つの経済環境に対応する金融商品

経済環境	対応する金融商品
経済成長期（想定を上回る成長）	株式、社債、コモディティ、金
経済停滞期（想定を下回る成長）	長期米国債、米国物価連動国債（TIPS）
インフレ期（想定を上回るインフレ）	コモディティ、金、米国物価連動国債（TIPS）
デフレ期（想定を下回るインフレ）	長期米国債、株式

図5-6 レイ・ダリオのポートフォリオ

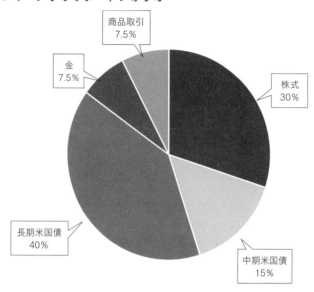

　このポートフォリオは、米国の自己啓発書作家であるアンソニー・ロビンズがレイ・ダリオへのインタビューの中で、「読者が自分でも実行できる全天候型のポートフォリオの具体例を教えて欲しい」と頼み込んで聞き出したものです。

　そのインタビュー内容は、アンソニー・ロビンズの著書『世界のエリート投資家は何を考えているのか：「黄金のポートフォリオ」のつくり方』で紹介されています。同書で紹介されているオール・シーズンズ戦略のポイントを引用します。

　「債券比率が高いのは、株式の変動リスク（債券の約３倍）を軽減す

るためだ。金額を均等にするのではなく、リスクを均等にするのだ。長期国債の投資比率を高めることで、利回りを高められる可能性がある。金と商品取引は、インフレが加速した時に価格が上昇しやすい。両方とも変動幅は極めて大きいが、インフレ加速時には下落しやすい株式、債券のリスク軽減に役立つ。また、最低でも必ず年1回はリバランスしなければならない。成長が大きかった分野の一部を売却し、オリジナルの配分比率に戻すのだ。適切に処理すれば、節税効果もあるはずだ。信頼できる投資助言者に、この不可欠なプロセスを実施・管理してもらうことをお勧めする。」『世界のエリート投資家は何を考えているのか：「黄金のポートフォリオ」のつくり方』（アンソニー・ロビンズ著／三笠書房）より

　このポートフォリオは、1984年から2013年までの30年間におけるバックテストで86％以上の期間で利益を上げ、利回りは9.72％、最大損失は3.93％と負けにくいものとなっています。

　レイ・ダリオのポートフォリオを投資初心者が参考にするのであれば、株式はeMAXIS Slim全世界株式（オール・カントリー）、中期米国債・長期米国債はeMAXIS Slim先進国債券インデックスや個人向け国債（変動10年）、金はETFのSPDRゴールド・シェア（証券コード1326）、商品取引は初心者向きではないのでインフレに耐性がある不動産で代替し、eMAXIS Slim国内リートインデックスなどを組み合わせてみるのも一つだと思います。

　ここまで、ウォーレン・バフェットが個人投資家に勧めたポートフォリオ、ジェレミー・シーゲル博士が推奨している株式ポートフォリオ、レイ・ダリオのポートフォリオと続けて見てきました。
　学びとなる部分は多く応用の余地は十分にありますが、**もともとこれらは米国に在住の投資家向けに紹介された資産配分比率であることにも留意は必要です。**

　日本に在住の投資家向けの参考になるポートフォリオはないのか、とお思いの読者のみなさん、ご安心ください。日本には資産運用のプロ中のプロであるGPIFが存在しています。

GPIF のポートフォリオ

　GPIF（Government Pension Investment Fund）とは「年金積立金管理運用独立行政法人」のことです。日本の国民年金と厚生年金の積立金を管理・運用している公的な機関で、**世界最大規模の機関投資家としても知られています。**

　GPIF は年金積立金の運用をおこなうという特性上、将来の安定的な年金給付に向けて、足下の運用環境の変化や将来想定される運用環境に対応しながら、年金財政上必要な利回りを長期的に最低限のリスクで確保する必要があるのです。
　そのポートフォリオは上記のような前提のもと、最もリスクの小さいポートフォリオが選定されています。

　その資産構成割合は、伝統的なアセットクラスである株式と債券を50％ずつとし、さらにそれぞれ国内と外国で25％ずつ。ようするに、国内債券25％、外国債券25％、国内株式25％、外国株式25％です。

　加えて、各資産の構成割合には幅を持たせており、各アセットクラスの基本構成割合である25％から、国内債券は±7％、外国債券は±6％、国内株式は±8％、外国株式は±7％の範囲内で乖離を許容しています。

　さらに、それらの乖離許容幅に加えて、株式リスクの管理強化の観点から、債券・株式それぞれにおいて、内外資産を合算した全体についても乖離許容幅を設定しています。
　なお、2023 年度の運用状況で報告されたポートフォリオでは、各資産とも概ね25％前後となっており、基本構成割合から大きな乖離は発生していません。

　GPIF のポートフォリオを投資初心者が参考にするのであれば、**国内**

図5-7 GPIF の基本ポートフォリオ

		国内債券	外国債券	国内株式	外国株式
資産構成割合		25%	25%	25%	25%
乖離許容幅	各資産	±7%	±6%	±8%	±7%
	債券・株式	±11%		±11%	

出典：GPIF のホームページ

図5-8 GPIF のポートフォリオ

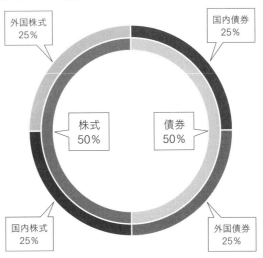

債券は、eMAXIS Slim 国内債券インデックス、外国債券は、eMAXIS Slim 先進国債券インデックス、国内株式は、eMAXIS Slim 国内株式（TOPIX）、外国株式は、eMAXIS Slim 全世界株式（除く日本）などを活用することができると思います。

筆者の推奨ポートフォリオ

　この章の最後に、私の考える推奨ポートフォリオを紹介しておきたいと思います。

　これまでデフレが続いていた日本においては、金利が低く債券を保有するメリットが感じられない状況でした。そのため、アセットクラスは株式と現金のみでも特に問題はなく運用できる環境だったと言えます。

　とは言え現在は、長期金利が上昇傾向にありますので、この状況を利用して、もう少し期待リターンを高めることができるのではないかと思うようになりました。

　金利上昇局面においては、金利の上昇に伴い債券価格は下落します。そう考えると本来であれば債券は、投資することを躊躇するアセットクラスですが、個人向け国債は元本割れすることがありません。

　さらに投資後1年が経過すれば、直前2回分の利子相当額を支払うことで中途換金が可能となるメリットもあります。

　デメリットとしては、1年間は中途換金ができないこと、中途換金の場合はペナルティとして中途換金調整額が差し引かれることなど。

　個人向け国債は半年ごとに利子をもらうことができますが、中途換金の場合、直前2回分の各利子（税引前）相当額× 0.79685 を支払わなくてはなりません。

　つまり、保有1年経過時に中途換金するとその1年分の利子はなかったものとなり、結果、投資元本に対してプラスマイナスゼロとなります。これが、元本割れしない仕組みです。

　なお、個人向け国債は、変動金利型 10 年満期の「変動 10」、固定金利型5年満期の「固定5」、固定金利型3年満期の「固定3」の3種類があり、それぞれ利回りも異なります。

　特段の事情がなければ半年毎に適用する利率が更新される「変動 10」を選択しておけば問題ないでしょう。

図5-9　筆者の推奨ポートフォリオ（50歳の例）

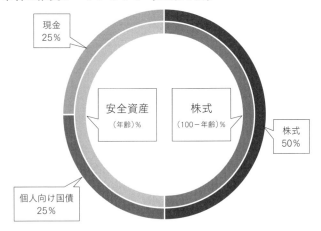

　上記を踏まえて、アセットクラスは株式と個人向け国債、現金で構成します。株式は、100から自分の年齢を引いた数字の％とし、残りを個人向け国債と現金で半分ずつとします。

　たとえば、年齢が30歳であれば、100 − 30 = 70ですので、70％を株式で保有し、個人向け国債を15％、現金を15％とします。年齢が60歳であれば、100 − 60 = 40ですので、40％を株式で保有し、個人向け国債を30％、現金を30％とします。

　株式は一般にハイリスク・ハイリターンとされています。

　ですので、若い時はリスクをとって株式の比率を上げることで期待リターンを高め、年齢を重ねて失敗に対する許容度が下がっていくにつれて、株式の比率も下げてリスクを低減させてください。

リバランスで安定的な運用を目指そう

　また、1年に1回程度は資産配分に変動が生じていないかをチェックして、変動しているようであればリバランス（資産を再配分して、当初の比率に戻すこと）をおこなうようにしましょう。

　たとえば、年齢が40歳で400万円の運用資金があったとします。株式の比率は100 − 40（年齢）＝ 60％で240万円（全体の60％）、個人向け国債80万円（全体の20％）、現金80万円（全体の20％）となります。

　ここで株式が100万円分上昇し、運用額が500万円となったとしましょう。

　すると、株式（340万円）の比率は全体の68％にまで上昇し、株式の割合が増え、リスクが大きくなってしまうのです。

　そんな時は、もとの比率（株式60％、個人向け国債20％、現金20％）に戻すために、株式40万円分を売却して、個人向け国債へ20万円、現金へ20万円と振り分けます。

　このようにすることで、運用資産500万円に対して、株式300万円（60％）、個人向け国債100万円（20％）、現金100万円（20％）というふうに当初の比率に戻すことができるのです。これをリバランスと呼びます。

　大切なので繰り返しますが、資産運用で最も大切なのは、長く続けること。
**　個人向け国債や現金という安全資産で機動的な対応を可能としつつ、株式の長期的な期待リターンを取り込むことで、長い目でみれば資産形成は着実に進むのです。**

　株式はインデックスを利用してもいいと思いますし、長期保有を前提とした個別の優良株でもいいでしょう。自分が長く続けられそうな、自

分に合った方法を少しずつ模索していけばいいのです。

　試行錯誤の末にたどり着いた自分自身の運用手法は、長く資産運用を続けていく上で大きな財産となってくれるはずです。

ポートフォリオは相場に慣れながら少しずつ構築していこう

この章で伝えたいこと

- 投資をおこなう目的を考え、自分に合ったポートフォリオを構築していこう
- 投資判断の際は以下の点を自問してみよう
①その投資に期待できるリターンはどの程度なのか？
②その投資でリターンを得るためには、どの程度のリスクをとらなければならないのか？
③期待リターンと想定されるリスクを天秤にかけた時に、期待リターンが上回っているか？（その投資にベットする価値があるか？）
- 一気におこなう必要はないので、知識と経験を積み上げながら少しずつ進めていこう

第6章

新NISAにも応用できる
「20年の投資経験から
得た知見」

長く続けていればリターンは自ずとついてくる

　第6章では、私が20年間の投資経験から得た知見について紹介していきます。読者のみなさんが今後の資産形成を進めていく上で、知っておいて欲しいことを書き連ねました。

　長く株式投資を続けていると、色々な悩みが頭から離れなくなり辛い時期が来るかもしれません。あらためて、自分がなぜ株式投資を始めようと思ったのか、思い起こす必要がでてくることもあるでしょう。

　けれども、自分だけが悩まなくてはならないなどと心配する必要はありません。私も数多くの失敗や悩みを経験して、試行錯誤しながら株式投資を続けてきています。**誰もが向き合うことなのです。**

　投資をしていて辛くなったら本章を読み返してください。基本や原理原則を見つめ直し、株式投資を継続していく助けとなれば幸いです。

　「株式投資において最も大切なことは何か?」と問われれば、**迷わず「長く続けること」と回答します。**

　株式という歴史的なリターンの高いアセットクラスから実際に利益を得るためには、まずその大前提として株式を保有している必要があるのです。

　株価は、短期的には買いたい人と売りたい人との需給で形成されます。したがって、想定以上に株価が下がることもあれば、想定を超えて株価が上昇することもよくあること。

　規則性のない株価の変動により、株価上昇の喜びと株価下落の悲しみとの間でメンタルの振れ幅は大きくなるでしょう。

　これは株式投資を続けていく上で精神的に大きな負担となります。

　その一方で、株式の長期的なリターンは長く保有すればするほどに平均値(6%台半ば)に収斂していきます。したがって、あれこれ考えずに優良企業の株を長期間保有していれば、期待リターンはプラスで、資

産形成もできているでしょう。

　しかしながら、前段のとおり、心理的な影響を受けることはまぬがれません。そこで、それを受け入れた上で、長く投資を続けられる環境づくりを意識しなければならないのです。

　人は短期的な成果を重視する傾向にあります。これを行動経済学では、現在志向バイアス（目先の利益には当初の目的を忘れさせる強い力があること）と呼んでいます。

　そのため、長期的な成果を達成するためには、短期的な成果にも留意しておいた方がよいでしょう。つまり、**短期的な成果の積み重ねが、長期的な成果につながるような戦略を考えるのです。**

　たとえば、配当の記録をつけるのも一つです。受け取った配当額を記録として残しておけば、確かなリターンを「見える化」することができます。

　また、1株でも投資した際には、年間の予想受け取り配当額の記録を更新するのもよいでしょう。NTTの株を1株買うと、予想受け取り配当額が5円増えて一歩前進する、といった感じです。

　こうすることで、1株投資した瞬間に予想される受取配当総額が積み上がり、投資の成果を「見える化」することができます。

　このようなことを地道に続けていけば、短期的な成果を日々実感しながら、時間の経過とともに馬鹿にできないほどの長期的な成果も実感できるようになるでしょう。

　また、株主優待を実施している企業へ投資するのもモチベーションを維持する助けとなってくれます。

　株主優待が実際に届いた際には、手で触れることができるリアルな喜びがあります。100株保有すれば株主優待がもらえる銘柄へ1株ずつ投資していく方針を立てれば、100株という中期的なゴールに向けて一歩ずつ着実に前に進んでいるという実感も得られるでしょう。

　ただし、**最近は株主への公平な利益還元という観点から、株主優待制度の廃止を決定した企業も散見されるため注意が必要です。**

これは特に、クオカードなど自社のビジネスとは関連性のない商品を優待としているケースが多いように思います。

　企業サイドから考えると、クオカードやカタログギフトなどは公平な利益還元の説明がしにくいというのが理由の一つとしてあるのかもしれません。

　その一方で、食品株における自社製品の贈呈といった自社に関連した製品やサービスの提供は、新しい顧客の開拓（営業）という側面も併せ持っています。

　企業としても株主優待を実施することに対外的な説明がしやすく、そのような株主優待は廃止される可能性が相対的に低いのではないでしょうか。

　株主優待を目的に投資する場合は留意しておいて損はないでしょう。

　自分自身にとってどのような投資手法が長く続けやすいのか、ぜひ一度考えてみてください。長く投資を続けることさえできれば、いずれリターンはついてくるのですから。

失敗は無駄ではない

　株式投資で判断を誤り後悔したことがあるという個人投資家も少なくないと思います。また、これから投資を始めようとしている読者のみなさんの中にも、実際に投資を始めたら後悔と向き合わなければならない時期が必ずくるでしょう。

　そんな時は、失敗しても経験を積み上げることができた、と考えるようにしましょう。**失敗は無駄ではないのです。ましてや敗北などでは断じてありません。**

　私自身も株式投資を始めた頃は失敗の連続で、2006年1月に発生したライブドアショックの少し前には新興株に大きな金額を投資してしまい、ライブドアショックでの暴落後、7年間も含み損を抱え続けるという状況に追い込まれています。

　大きな失敗ではありましたが、その後も株式投資を続けることで、資産形成は少しずつ、そして着実に進めることができています。

　大きな失敗を経たことで、株式投資の怖さをこれでもかというほどに思い知らされ、また、自分の能力など相場の前では無に等しいと謙虚な姿勢で株式投資と向き合えるようになりました。

　これは大きな財産になったと今でも考えています。

　よく言われるように「失敗は成功のもと」です。株式投資においてもそれは例外ではありません。

　失敗をそのままにしておくと本当に失敗となりかねませんが、失敗の原因を考え次に活かすことができれば成功への過程の一つとなります。

　失敗を恐れず、真摯に向き合うことで糧としていきましょう。きっとできるはずです。

投資判断に役立つ「期待値」の概念

　投資をおこなう時には「期待値」を見積もっておくことが有効です。
期待値とは、「ある事象が発生した際に得られる利益×その事象が発生する確率」をそれぞれ掛けて算出された数字の和のこと。 具体的に数字で見ていきましょう。

　たとえば、株価が1000円の銘柄があったとします。株価が1500円になる確率が50％、株価が800円になる確率が50％であれば期待値は次のように計算されます。

　1500円 × 50％ + 800円 × 50％ = 750円 + 400円 = 1150円

　このケースにおける期待値は1150円となります。期待値が投資額1000円よりもプラスとなっているので、投資する価値があることを意味します（または、1000円を1（100％）として、1.5 × 50％ + 0.8 × 50％ = 1.15 と表記することもあります）。

　今度は、期待値がマイナスとなるケースを考えてみましょう。
　現在の株価が1000円の銘柄があり、株価が2000円となる確率が20％、株価が500円となる確率が80％であったとします。
　すると、期待値は以下のように計算できます。

　2000円 × 20％ + 500円 × 80％ = 400円 + 400円 = 800円

　期待値は800円となります。期待値が投資額1000円よりもマイナスとなっているので、投資は避けた方がよいことが分かるでしょう（または、1000円を1（100％）として、2 × 20％ + 0.5 × 80％ = 0.8 と表記することもあります）。

　期待値で投資判断をおこなう際には、株価の上昇率・下落率と、その発生確率をある程度見積もる必要があります。一見、難しそうですが、

過去5年程度の予想PERレンジやPBRレンジを活用することで、概ねの算段をつけることができます。

　PERレンジは投資先企業が生み出す利益面から、PBRレンジは投資先企業が保有する資産面から、これまでに投資家が許容してきた値幅を確認することが可能です。

　仮にPERやPBRがレンジの高い水準にあるとすれば、今後は下がる可能性の方が高くなるという発想もあり得ます。この場合、業績が過去最高を更新中で将来の利益を株価が織り込み、高いPERが許容されるというシナリオにも留意が必要です。

　しかし、業績が成長というよりも安定している銘柄であれば、許容されるPERレンジにそれほど変化が生じるとも考えづらく、そのレンジをベースに投資判断をおこなっても一定の精度を確保できるものと考えます。

　また、あわせてPBRレンジも活用することで、投資の精度はさらに向上します。利益水準で変動するPERは1年単位で乱高下することも珍しくありませんが、純資産をベースに算出されるPBRは相対的に変化が緩やかです。

　特別損失等による利益水準の急激な悪化でPERが異常値になっていると感じた場合、PBRを参考にすることで対処が可能です。特にPBRは株価下落局面で株価の底値を探る際に役立ちます。

　株価がどこまで下がるか分からないと不安になった時、PBRレンジの最小値付近が概ねの底値付近となることも多く、判断材料の一つとして活用できるでしょう。株価の下落でPBRが下がりきれば後は上昇するしかなく、保有しながらその時期を待つという戦略をとることも可能です。

　このように考えるとPER・PBRがレンジの最大値に近づくにつれて期待値は下がっていき、レンジの最小値へ近づくにつれて期待値は高くなっていくことが分かります。

　「株は安く買って高く売れ」とはよく言われますが、**PER・PBRレンジから「高い」「安い」を判断して、高い時には買わない、安い時に買**

う、というルールを守ることで大きな失敗は避けられるでしょう。

　また、行動経済学でいうところの「損失回避性（損失は利益の2倍程度、心理的な振れ幅が大きい）」という心理面での影響もあります。

　そのため、株価が下がった時の精神的ダメージを最小限にするには、株価が下がりきってさらなる下げ幅は限定的と考えられる時に投資することが有効です。

　株価の下げ幅が限定的であれば、受ける精神的ダメージも限定的です。このように、安く買うことにはメンタルケアが自動的に付加されているという点は、長く投資を続けていく上で大きな助けとなってくれます。

株価が安い時に買うことは、メンタルに優しい投資に通ずるよ

あえて業績が悪化している優良株を買う
逆張りの発想

　前述したように、期待値が高い時に投資することは合理的と言えます。そして、期待値が高くなるのは株価が安くなっている時。

　その一方で、業界首位級の一流と呼ばれているような優良株は、なかなか株価が下がってくれません。

　とは言え、そのような企業でも業績が悪化して株価が下落する時期があります。

　ビジネスにはサイクルがあるため、企業業績にも好調な時期、芳しくない時期が存在するのです。

　通常、年単位での動きとなるため、業績が悪くなっている時には徹底的に売られて株価は低迷します。

　ただし、一流と呼ばれている企業は、体制を立て直して業績を回復させているケースがほとんど。

　それこそが長い期間にわたって一流と呼ばれる所以でもあるのです。

　そこで、**業績の悪い時、株が売られている時にあえて買っていくという戦略です。** この戦略を採用する際には、株価がどの程度まで下がるか、あたりをつけておくことが必要ですが、これは過去5年程度のPBRレンジにおける最小値を参考にすれば概ねの見当をつけることができます。

　加えて、早く買いすぎないように注意することも重要です。

　参照点依存性（絶対的な判断基準に基づいて価値を測るのではなく、自分の基準としている参照点と比較して、判断がなされやすい）により、直近高値の株価を参照点として、判断がおこなわれがちとなります。

　あくまで、PBRの数値をにらみながら底値を確認していくことが必要となります。

　株価下落局面においては、自分が想定しているよりもさらに下げるこ

とが多々あります。**過去の株価と比較して値頃感から投資すると、高い授業料を払わされることも少なくありません。**

　売却したいと考える多くの投資家が保有している株式を手放すと、新たな売り手がいなくなり、株価は横ばいの状態となります。可能であれば、株価が下がりきって、ある程度の値幅で推移する状態（横ばいの状態）になってから投資ができれば、相対的に負けにくい投資ができるのではないかと考えます。

　景気の動向によって業績や株価が左右されやすい景気敏感株では、株価の下落率が顕著で分かりやすい動きになる傾向があります。

　たとえば、コマツは景気後退局面において、業績の悪化に応じて減配をおこない、そのことが株価の下落に拍車をかけることがあります。多くの投資家が株価下落と減配でげんなりするところですが、歴史を振り返れば、そのような状況が株価の底値であり、絶好の買い場となっていました。

　コマツのような、世の中が必要としている製品を生み出し続けている企業の業績は、いずれ回復することになります。そして、業績が回復するのであれば株価も戻します。

　ポイントとなるのは、業績がいずれは回復すると確信が持てるかどうかです。

　確証バイアス（自分の考えを肯定するために、都合のいい情報を重視し、その他の情報を過小評価してしまう）によって、自分に都合のいい情報ばかりを集め、そうでない情報を軽視してしまうことも起こり得ます。

　そのため、コマツのような時の試練に耐えた一流と呼ばれる銘柄を予め選択することにより、思惑どおりとならなかった時にも、一定程度の安全域を確保（経営破綻の心配をしなくていい）できるような投資を心掛けることは重要でしょう。

信用格付で財務の判断は可能、あわせて業界内における序列の参考に

　経営破綻の心配をしなくていいような銘柄かどうかを判断する際に、自己資本比率が同業他社と比べて高いか、営業キャッシュ・フローはプラスで安定的に推移しているか、などを確認していく方法が一般的かと思います。
　加えて、**信用格付を確認することでも、それは可能です。**

　信用格付とは、事業会社の金融債務が返済できるかどうか、その確実性について記号で表したもののこと。
　Aaa・AAA（トリプルエー）が最高位で、Cが最低位となっています。金融債務が返済できるかどうかの確実性とは、すなわち財務健全性と同義と捉えることができます（**図6-1**）。
　つまり、信用格付を確認することで、財務健全性や経営破綻をどの程度考慮しなくてはならないかの判断が可能となります。

　たとえば、格付投資情報センター（R&I）のホームページにアクセスすると、検索窓が設置されています。そこに具体的な企業名や証券コード等を入力して検索をかけることで、信用格付を確認することができます（※企業がR&Iから格付を取得している場合に限ります）。
　同業他社と比較して信用格付が高ければ、相対的に財務健全性は高く、経営破綻もしにくいと判断することが可能でしょう。

　また、そもそも信用格付とは、債務を契約どおりに履行する能力で決定されるため、業界内での有力企業は、他の企業よりも格付は高く評価されることがよくあります。
　視点を変えれば、同一の業界内において信用格付が高い企業は、業界内の他社よりも相対的に有力な企業と考えることも可能でしょう。
　具体的に見てみましょう。**図6-2**はリース業界における主要企業の信用格付です。業界首位級のオリックスや三菱HCキャピタルは、AAと業界内で最も高い格付となっています。

図6-1　長期債及び発行体格付の格付記号

信用リスク	ムーディーズ	S&P、フィッチ、R&I、JCR
リスクが低い	Aaa	AAA
	Aa	AA
	A	
	Baa	BBB
中程度の水準	Ba	BB
	B	
	Caa	CCC
	Ca	CC
リスクが高い	C	

図6-2　リース業における主要企業の信用格付（2024年3月22日現在）

銘柄	格付（R&I）
オリックス	AA
三菱 HC キャピタル	AA
みずほリース	AA–
芙蓉総合リース	A+
リコーリース	A+
NEC キャピタルソリューション	A–

　企業規模や利益水準が業界首位級には及ばない、みずほリースが AA–、芙蓉総合リースやリコーリースが A+、さらに企業規模や利益水準が小さくなる NEC キャピタルソリューションが A– と続いていきます。

　このように、信用格付はその業界における序列を反映しているケースも多く、自分の判断を補強し、判断ミスを防ぐのにも役立ちます。ぜひ活用してみてください。

企業業績と株価との時間軸の違いについて

　通常、企業は四半期ごとに決算を発表しています。業績の推移や配当の増額や減額に一喜一憂する個人投資家も多いと思います。

　企業業績が好調にもかかわらずコンセンサス（アナリストの業績予想平均のこと）よりも悪かったという理由で株価が大幅に下落したり、業績が悪化しているにもかかわらず織り込み済みという理由で株価が急騰したりと、株価は短期的には混沌としており予測不能です。

　そもそも企業業績は、企業が実際におこなっているビジネスの成果です。3カ月程度の期間でその評価がコロコロ変わると考えることに違和感を覚えますが、これは、現在志向バイアス（目先の利益には当初の目的を忘れさせる強い力がある）という心理面での影響も小さくないのでしょう。

　投資先企業には、そこで働いている人が確かに存在しています。企業業績は単なる数字の変動などではなく、企業で働いている人のたゆまぬ努力の成果であり、そこにはリアルな世界があります。

　人の集合体である組織が短期間で大幅に変わることは考えにくく、業績のトレンドは続きやすいケースが多いと感じています。

　つまり、**業績が悪化傾向にある企業は、現行のビジネスが上手くいっておらず組織も機能していないため、業績を立て直すには時間がかかるということ。**

　その一方で、業績が好調な企業は、ビジネスも上手くいっており組織も機能していることから、**好調は続きやすいのです。**

　何らかの組織に属した経験をお持ちであれば、人や組織は簡単には変わることができず、ハレーションが発生しないように前例を踏襲して物事を進めようとすることが多いと感じた経験があるのではないでしょうか。

　人や組織は簡単には変われない、そのことを念頭に置くと、企業業績

のトレンドは数年単位で続くことも珍しくないと理解しやすいかと思います。

　３カ月単位の決算で神経をすり減らすよりも、数年単位の時間軸で投資先企業を評価した方が、メンタルにも優しく、また、長期投資においてはより妥当な判断ができるようになるでしょう。
　業績や株価はトレンド化しやすいこと、つまり、「押し目待ちに押し目なし」という相場格言があるように、業績好調時は株価が下がりにくいため株価の一時的な下落を待って買うことが難しいこと。

　逆に、「落ちてくるナイフはつかむな」という相場格言があるように、業績悪化により株価下落局面となった際、値頃感から株を買ってしまうと更に株価が下がり続けるということ。
　これらを意識して投資ができれば、より精度の高い投資が可能となるでしょう。

勝てる条件を探す、あるいは揃うまで待つ

　株式投資には無数の選択肢が存在しています。必ず買わなくてはならないということはありません。また、自分が買いたいと思った時に、都合良く条件のよい投資先が見つかるとも限りません。

　バフェットは次のように言っています。

株式投資に見逃し三振はない。

　つまり、買わないことも選択肢の一つなのです。焦って投資するとろくなことはありません。上手くいかなかった時に気持ちの整理が難しく、後悔によるストレスも大きくなります。単に金銭を失うだけでは済まないのです。

　本章で学んだ「期待値」を念頭に置き、熟慮の上で、勝てる確率が高いと判断した時に投資をしておけば、幾分かは気持ちの整理がつけやすくなります。
　上手くいかなかった際も、やるだけやった結果と受け入れられるでしょう。努力を怠らず自分の能力のすべてを出し切っての判断、そこに後悔する余地などあろうはずはありません。

　投資における勝利の定義は人によって異なると思いますが、ここでは成果を配当にフォーカスし、一例として配当と PER をベースとした考え方を紹介していきます。

　図 6-3 をご覧ください。縦軸に配当を、横軸に PER を置いています。縦軸と横軸の条件の組み合わせで、どのような結果となるかを整理しています。

①低配当×高い PER　⇒　配当利回りが低く、PER も高く割高
②高配当×高い PER　⇒　配当利回りは高いが、PER が高く割高
③低配当×低い PER　⇒　配当利回りは低いが、PER が低く割安

図6-3　配当×PERのマトリックス

	高いPER （期待されている）	低いPER （期待されていない）
高配当	② △	④ ○
低配当	① ×	③ △

④高配当×低いPER　⇒　配当利回りが高く、PERも低く割安

　上記条件で最も投資妙味があるのが、配当利回りが高く、PERが低く割安となっている④となります。

　次に、配当利回りは高いもののPERが高く既に割高で増配余地は少ない②と、配当利回りは低いもののPERが低く割安で今後の増配が期待できる③、が続きます。最も魅力がないのが、配当利回りが低く、PERが高く既に割高となっている①となります。

　このように条件を整理して、納得できる投資先が見つかれば投資する、見つからなければ投資しないとルールを設けておけば、一定程度の客観性は担保されます。

　さらに、業績好調なのに株価が低迷している、連続増配銘柄で今後も毎年の増配が期待できるのに現時点でも高配当となっているなど、条件を付け加えていくことで、勝てる確率を上げていくことが可能でしょう。

　孫子の兵法では次のような一文があります。

古のいわゆる善く戦う者は、勝ち易きに勝つ者なり。

　昔から戦の上手な人は、勝ちやすい機会を捉えてそこで勝利する、という意味ですね。株式投資でも同じことが言えます。

　勝てる状況が整ったと思えた時だけ投資すればよいのです。そのために、事前に投資ルールの整理や資金管理など、準備をしっかりとしておくことは無駄にはならないでしょう。

投資判断をシンプルにしていく

　株式投資では様々な投資手法が存在しています。

　複雑な数式を用いて期待リターンの想定値を立派な資料をもって出されると、あたかもそれが正しいこと、すごいことのように感じるかもしれません。

　数多くの資産形成本で昔から何度も言われているように、自分が理解できないものに投資してはいけません。

　お金を失うことになります。

　複雑な資料は不都合な真実を覆い隠すためかもしれません。

　複雑なものを複雑なままに伝えようとすることは、すごいことでもなんでもなく、複雑なものをシンプルに分かりやすく伝えるから素晴らしいのです。

　株式投資は、長く続けていればリターンはついてくる、シンプルな世界です。自分から複雑にする必要はありません。自分が理解できるものだけに投資して、長く続けることを目標としましょう。

　つまるところ、第1章で紹介した「配当利回り」「EPS（1株利益）」「PER（株価収益率）」「PBR（株価純資産倍率）」を理解するだけでも十分な投資判断が可能です。

「配当利回りに納得できるか？」「EPSは安定しているか？」「PER・PBRは過去5年レンジで低い数値となっているか？」

　シンプルにこの3つだけ確認するといった方法でも、かなりの精度で負けを少なくしてくれるはずです。そのことは長く投資を続けることに寄与し、結果的にリターンもついてくるでしょう。

最適解という幻想、4%ルールの難しさ

昨今、FIRE（Financial Independence, Retire Early：経済的自立を達成することにより早期退職すること）という考え方も広く知られてきたと感じています。

FIREの達成に向けた様々な手法について議論されているところですが、主だったものとしては、支出を減らすための節約術、資産を増やすための投資術の両輪で進めるというものではないでしょうか。

投資術については、配当を出さないインデックスファンド（全世界株式やS&P500など）へ投資し、取り崩しは4%ルールに準拠するような内容がほとんどです。

4%ルールとは、年間の生活費の25年分の資産を貯めて、物価上昇率を控除した実質リターン年4%で運用していけば、FIRE達成後の生活費を4%の範囲内とすることで、資産を減らすことなく生活できるとする考え方です。

4%ルールは、そもそもはトリニティスタディと呼ばれるトリニティ大学の研究から端を発しています。

この研究は、1926年〜1995年の70年間において、保有資産の配分を株式と債券で50%ずつ保有して、当初の保有資産から毎年4%ずつ取り崩した場合、30年後に残高がゼロになっていない確率は95%というものです。

インデックス投資で生活費の25年分の資産を積み上げて、その段階で4%ずつ取り崩しながら生活することでFIRE達成。

FIREを実現するためのストーリーとしては伝わりやすく秀逸と言えるかと思います。それを最適解と呼ぶ人たちもいます。

その一方で、取り崩した際の税金の問題や、あくまで米国での調査結果であること、日本を生活の拠点としている場合は為替の影響等を考慮

しなくてはならないことなど、**話はそう簡単ではないことは日本でも活発に議論されているところです。**

　4%ルールの考え方をベースに金銭面での人生設計を立てることは有効な手段の一つだとは思いますが、**単純に真似すればよいというものではなく、不測の事態に直面した時には、個々の運用技術が求められます。**

　トリニティスタディでは、株式と債券を50%ずつのポートフォリオで運用し、30年後に資産がゼロにならない確率が95%となっています。逆に言えば、5%の確率で生きている間に資産はゼロとなります。人生をかけるのに5%は無視できない数字ではないでしょうか。

　取り崩し直後に株価の大暴落に見舞われるなどして、その5%の世界線に入った際の恐怖は尋常ではないはず。

　資産形成、運用のシミュレーションでは人間心理の影響が考慮されることは稀だと思いますが、私たち一人ひとりは確かに存在しており、生活スタイルや価値観も様々、身体能力やメンタルの強さも違います。

　加えて老化による判断能力の低下も確実にやってきます。これらを包括しての最適解などは幻想に等しく、ここに4%ルールの難しさがあると考えます。

　そもそもトリニティスタディの原文には以下のような一文があります。

Because of these highly personal behavioral traits, circumstances, and goals, no single withdrawal rate appears appropriate for every investor.

（個人の行動特性、状況、ゴールによるところが大きいため、すべての投資家にとって適切な引き出し率というものは存在しない）

　大切なのは、盲目的に信じることではなく、原理原則を理解し、自分で考え、自分に合うようにカスタマイズしていくことなのでしょう。

株式投資の入門者向け、新しい NISA を活用したポートフォリオの構築例

　最後に、投資入門者向けにポートフォリオの構築例を紹介していきたいと思います。

　2024 年から新しい NISA が始まっています。非課税保有期間の無期限化、口座開設期間の恒久化、年間投資枠の拡大など、従前の制度から抜本的拡充・恒久化が図られており、個人投資家にとって使い勝手のよいものとなっています。この新しい NISA を活用した、誰にでも真似ができる再現性の高い運用手法です。

　前提としては、投資経験が浅くどのように運用すればよいのか分からない個人投資家が、実際に投資して知識や経験を積み上げていくことにより、ご自身で考えて運用ができるようになるまでの期間をイメージしています。

　相場に慣れてもう大丈夫と思えるようになったら、自分の置かれた状況に合わせて運用方針をカスタマイズしていただければと思います。ここで紹介するポートフォリオ構築例のゴールは、実際に投資して知識と経験を積み、相場に慣れること。

　今後、資産運用は長期間にわたりおこなっていくことになると思いますが、その土台を作り上げるのが目的です。

　なお、**巻末付録 3 では、新しい NISA におけるルールの確認と、そのルールを活かした戦略の大枠について説明していますので、あわせて活用してください。**

　投資を始めるには生活防衛資金を確保してからという議論もありますが、現在は 1 株単位で投資ができる環境が整っていますので、すぐにでも実際に投資を始めた方がよいでしょう。

　相場に慣れるには時間を要し、生活防衛資金を貯めるまでの時間がもったいないと考えます。**1 株でも保有し、意識して相場に居続けることで経験は積み上がっていきます。**

経験を積み上げるには、実際に買って、保有し続けるしかありません。投資額の多寡ではなく、経験を積み相場に慣れていくことが大切なのです。

　生活防衛資金は、突然の解雇など予期せぬ事態に備えて、準備しておくお金です。一般的には、毎月かかる生活費の3〜6カ月分程度が目安と言われています。
　人によっては安全域を確保するために、1〜2年分は必要と考えるかもしれません。**この点、自分が安心できるという心理面を考慮の上で、実際に必要と考えられる金額を貯めていけばよいと思います。**

　その一方で、毎月かかる生活費の1年分を貯金で貯めるには相当な時間を要し、人生で過ぎ去った時間は戻ってきません。この期間に全く投資をしないのは、経験を積む機会を失っていると考えられます。
　株式は1株から買うことができ、数千円の投資で経験を積み上げることができます。これは家族で外食1回分程度の金額だと思います。

　今後の人生で資産形成とは長く関わっていくことを考えると、最初の1株は金額的には小さな一歩かもしれませんが、人生というステージにおいては極めて重要な一歩となります。
　生活防衛資金を貯めつつも、少額からでも実際に投資を始めていきましょう。この本を執筆している現在、NTT株を1株買うのに200円も要しません。これは決して不可能な額ではないはずです。

　さて、それでは具体的な進め方を考えていきましょう。
　投資の目的としてリターンを求めるのは当然としても、知識と経験を積むために相場に慣れていくことに比重を置きましょう。本書の最初に記載したとおり、長期的なスパンでリターンを得るためには、長く株式投資を続けていくことが最も大切です。
　なぜなら、株式投資を続けることができなければ、リターンを得るための大前提（株式の保有）を失うことになるからです。まずは、株式投資を実際に始めて、マーケットから退場させられずに続けることを目標としましょう。それでも大きな一歩です。

構築していくポートフォリオは、第5章で紹介した筆者の推奨ポートフォリオとします。

　すなわち、株式の比率が（100－年齢）％、現金・個人向け国債の比率が年齢％となります。現金と個人向け国債の比率は半分ずつです。なお、個人向け国債は、最も利回りが高い変動金利型10年満期の「変動10」とします。

　銘柄選択は本書で紹介した日本の優良企業100選から業種の分散に留意して20銘柄を選択しましょう。

　20銘柄へ分散するのは、一般に20銘柄程度までは保有銘柄を増やして分散した方が、リスクの低減効果が期待できるとされているためです。

　投資入門者の方が100銘柄の中から20銘柄を選択するのは難しいと思いますので、ここでは筆者が選りすぐりの銘柄をピックアップします。

　相場に慣れてきたら、ご自身の好みの銘柄へ入れ替えるか、保有銘柄数を増やすなどして、自分なりのポートフォリオを構築していってください。

　なお、**株式の買い付けは非課税口座となる NISA の成長投資枠でおこなっていきましょう。**

　2024年からの新しいNISAでは、非課税保有限度額が簿価残高方式での管理となっており、売却した際には簿価ベース（投資した時の取得価額）で非課税枠の再利用が可能です。

　運用が思惑どおりに進まなくても、軌道修正がしやすい制度設計となっています。過度に神経質になる必要はありません。

　投資対象とする具体的な銘柄は、以下のとおりとします（カッコ内は、証券コード・業種）。それぞれの分野で強みを持った企業群で、長期にわたって保有可能な銘柄を選択しています。

① INPEX（1605.P・鉱業）
②積水ハウス（1928.P・建設業）

③アサヒグループホールディングス（2502.P・食料品）

④ JT（2914.P・食料品）

⑤花王（4452.P・化学）

⑥アステラス製薬（4503.P・医薬品）

⑦大塚ホールディングス（4578.P・医薬品）

⑧ブリヂストン（5108.P・ゴム製品）

⑨コマツ（6301.P・機械）

⑩クボタ（6326.P・機械）

⑪伊藤忠商事（8001.P・卸売業）

⑫三井物産（8031.P・卸売業）

⑬三菱商事（8058.P・卸売業）

⑭三菱 UFJ フィナンシャル・グループ（8306.P・銀行業）

⑮三井住友フィナンシャルグループ（8316.P・銀行業）

⑯日本取引所グループ（8697.P・その他金融業）

⑰東京海上ホールディングス（8766.P・保険業）

⑱ NTT（9432.P・情報・通信業）

⑲ KDDI（9433.P・情報・通信業）

⑳ J-POWER（9513.P・電気・ガス業）

　ところで、構築していくポートフォリオにおけるアセットクラスは、株式、個人向け国債、現金ですが、新しい NISA 制度のつみたて投資枠も活用したいところです。そこで、株式をつみたて投資枠で投資する投資信託と成長投資枠で投資する個別株に二分割します。

　投資信託は、全世界に分散が可能で信託報酬も低く、個人投資家から圧倒的な支持を得ている「eMAXIS Slim 全世界株式（オール・カントリー）」としたいと思います。

　ポートフォリオにおけるアセットクラスを整理しましょう。

①株式（つみたて投資枠）　eMAXIS Slim 全世界株式（オール・カントリー）

②株式（成長投資枠）　個別株 20 銘柄

③個人向け国債　変動金利型 10 年満期の「変動 10」

④現金

図6-4 投資初心者向けポートフォリオ（40歳の例）

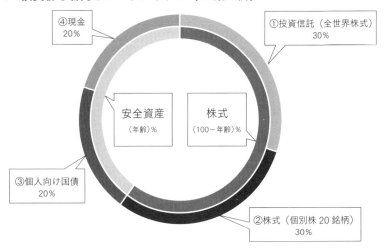

④現金
20%

①投資信託（全世界株式）
30%

安全資産
（年齢）%

株式
（100−年齢）%

③個人向け国債
20%

②株式（個別株20銘柄）
30%

　この①〜④の投資比率は、それぞれ以下の％となります。

① （100−年齢）÷2

② （100−年齢）÷2

③年齢÷2

④年齢÷2

　具体的に数字を入れて考えていきましょう。たとえば40歳の方であれば以下のようになります（**図6-4**）。

① （100−40）÷2＝30（％）　⇒　投資信託（全世界株式）を30%

② （100−40）÷2＝30（％）　⇒　個別株20銘柄の合計を30%

③ 40÷2＝20（％）　⇒　個人向け国債「変動10」を20%

④ 40÷2＝20（％）　⇒　現金を20%

　これで、ポートフォリオの全体像はつかめたのではないでしょうか。

　続いて具体的な買い方ですが、まずは1カ月の投資額を決めましょう。保有資産における現金の割合が多い場合、早く投資してポートフォリオの比率に合わせたいと思うかもしれませんが、焦りは禁物です。

　最初は相場に慣れることが大切です。**上手くいかなかった時のことを過小評価しないようにしましょう。**

繰り返しになりますが、株式投資は長く続けることが最も大切であり、続けていれば自ずとリターンはついてきます。ゆっくりと一歩ずつ前に進んでいきましょう。

　たとえば、1カ月に1万円投資すると決めたら、まずは1万円を証券口座へ入金しましょう。上記（40歳）の例であれば、1万円を①投資信託へ3000円、②個別株へ3000円、③個人向け国債へ2000円、④現金へ2000円と配分することになります。

　①〜④の内、①投資信託は100円から投資可能で金額の調整がしやすいのですが、②個別株は株価がバラバラです。③個人向け国債は10000円単位でしか投資ができません。そのため、②、③については、配分した金額で投資できなければ翌月に繰り越すようにしましょう。
　上記例であれば、③への資金配分は2000円/月となるので、5カ月分である10000円が貯まれば投資するといった具合です。
　②個別株では次の手順を踏みましょう。

ステップ1：20銘柄を1株ずつ買う
ステップ2：20銘柄を1株ずつ買えたら、各銘柄への投資金額を均一に調整
ステップ3：各銘柄への投資金額を均一に調整できたら、ステップ1に戻る

　まずはステップ1で20銘柄を1株ずつ買っていきます。
　ステップ1を終えた段階では各銘柄への投資金額にバラツキが生じてしまいます。
　そこで、株価の安い銘柄については買い増ししていくことで、各銘柄への投資額を均一に調整していきます。

　これでステップ2が完了です。**あとはステップ1と2を繰り返すことでバランスをとりながら次第に株式の運用額が大きくなっていきます。**

　これで、①から④の各アセットクラスへ投資して、バランスをとりな

がらポートフォリオを大きくしていくことができるようになりました。なお、通常は時間の経過とともに相場が変動することで、当初決定した資産配分（上記例であれば①30%、②30%、③20%、④20%）に変動が生じてきます。

　そこで、定期的にその資産配分の比率を当初の計画どおりに修正しますが、これをリバランスと呼んでいます。これは通常1年に1回程度実施すれば問題ありません。

　また、上記のように毎月新規で投資資金を投入できる場合は、ノーセルリバランスの方が気楽に実行できてよいかもしれません。ノーセルリバランスとは、リバランスを保有資産の売買によってではなく、追加投資によっておこなうことをいいます。

　たとえば、上記ポートフォリオの例で、株価が上昇して資産配分が①40%、②40%、③10%、④10%となったとします。この場合、①と②を10%ずつ売却して、③と④を10%ずつ増やすことで、当初の資産配分である①30%、②30%、③20%、④20%へ修正するのが一般的なリバランスです。

　ノーセルリバランスでは、①と②の新規投資をストップして、③と④を増やすことにより、当初の資産配分へ調整することになります。ノーセル、つまり、売却せずに調整するということですね。

　ここまで理解できれば、あとは実際に始めるのみです。まずは、相場に慣れていきましょう。相場に慣れれば自分なりにアレンジしてみましょう。

失敗しても試行錯誤を繰り返すことで成功の糧としましょう。結果がなかなか伴わない時は経験を積み上げていると考えましょう。歴史的には株式の長期的なリターンは突出しており、株式投資はその圧倒的な期待リターンから、長期的な資産形成を進めていく上で必要不可欠な手段であることを思い起こしましょう。

　何度もお伝えしているように、資産形成で最も大切なのは「投資を長く続けること」です。そして、本書をここまで読み進めてきた読者のみなさんには、それができるはずです。

インターネットの普及により誰もが自分の求める情報にアクセスできる時代となりました。資産運用の分野においては、どのような手法を用いれば現行制度を最大限に活用できるのかという情報がネット上に溢れかえっています。

　それらの情報をいくつか集めて主張が重なり合っている部分が多ければ、その情報はある程度の普遍性を持っている場合が多いかと思います。

　昔は興味のある分野があれば、書店へ足を運び関連本を5、6冊購入して片っ端から読むことで、その分野における一般的な考え方を学びました。現在でも書店で買い物かごを持って大量の本を購入している方を見かけますが、恐らく同じようなことをしているのだろうなと思います。

　現在はそのようなことをせずとも、少なくとも表面上は、要点が整理された情報にアクセスすることができます。時間をかけずにポイントを知ることができる。いわゆるタイムパフォーマンスがいいということになるのでしょう。

　しかし、要点のみを知って、その先に何があるのでしょうか。そのような情報であれば、知りたいと思った時に ChatGPT が即座に回答してくれる時代です。

　要点はあくまで要点に過ぎず、本質を理解するには要点に行き着くまでの著者の思考プロセスをトレースしていく必要があります。**そのような過程を経て得られた知識には深みがあり、自分自身がどのように考えるかという思考の土台となってくれます。**

　たしかに時間はかかるかもしれませんが、そのことに要した時間は決して無駄ではありません。

　人生という長いスパンで考えるのであれば、表面上の要約やポイントのみを幅広く読むよりも、その書籍の本質に至るまでの過程も含めて読んだ方が、人生を豊かにするという点においてはタイムパフォーマンスもいいのではないかと感じています。

**　要約を読んで興味が湧いた時には、それで終わりとせず、書籍を実際**

に手に取って読み進めることをおすすめしたいと思います。

　インターネットではしばしば「最適解」や「最強」という言葉を見かけます。一見、魅力的に映るかもしれませんが、「最適解」や「最強」という状態は、特定の条件下において優位性があるに過ぎません。今後、その優位性が未来永劫続くというわけではなく、環境の変化により、「最適」でも「最強」でもなくなってしまうのです。環境の変化に合わせて、自分自身も変化していくことが求められます。

　先の大戦における敗戦から日本的組織の欠陥について考察がなされた『失敗の本質』では、以下のように書かれています。

　「組織が継続的に環境に順応していくためには、組織は主体的にその戦略・組織を革新していかなくてはならない。このような自己革新組織の本質は、自己と世界に関する新たな認識枠組みをつくりだすこと、すなわち概念の創造にある」『失敗の本質』（戸部良一、他／ダイヤモンド社）

　また、歴史小説家として著名な塩野七生氏は、その著書『マキアヴェッリ語録』（塩野七生／新潮社）の中で、**「興隆の要因となったと同じものが衰退の要因になる」**と記しています。

　好むと好まざるとにかかわらず、私たちを取り巻く環境は変化していきます。過去の成功体験にとらわれて変化を拒めば、そのこと自体が衰退の要因となりうることは、古今東西枚挙にいとまがありません。

　最適解という認識によって衰退を早めることになるのです。

　株式投資において本当の最適解とは画一的なものではなく、一人ひとりの置かれた状況に応じて、自分の頭で考えて創り出すものです。それは決して他人に押しつけられたものではありません。

　投資方針を自分で考え、決定を下したことで失敗してしまうことがあるかもしれません。しかし、それが何だというのでしょうか。その失敗を失敗のままにしておかず、次につなげればいいだけです。

　自分の頭で考えた末に失敗したという経験は、人生という長いスパンで考えるならば大きな財産となってくれるはずです。

**自分のできる努力を怠らず、一日一日を一生懸命に生きる。そのこと
を積み重ねた人生であれば、事の成否はどうあれ少なくとも、そこに後
悔はないでしょう。**命を燃やした、生きた、と胸を張って言えるのでは
ないでしょうか。

最後になりますが、オートモード3部作の締めくくりとして、私が
座右の銘としている上杉鷹山の言葉を紹介したいと思います。上杉鷹山
は米沢藩第9代藩主で、極貧状態にあった米沢藩において、藩主自ら
生活費を率先して大幅に減らし、倹約と新規事業の両輪で藩の財政を立
て直した人物です。

また、米国第35代大統領ジョン・F・ケネディが日本で最も尊敬す
る政治家として挙げたことでも有名です。
株式投資は長く続けることが最も大切です。長く続けてさえいれば自
ずとリターンはついてきます。それが株式投資の歴史です。コツコツと
努力を積み重ねる読者のみなさんが目先の利益に惑わされず、長く株式
投資を続け、着実に資産形成が進むことを固く信じています。

また、お金を得るだけではなく、幸せな人生を送れることを切に願っ
ています。そして、鷹山の次の言葉にあるように、強い意志を持って努
力を続ければ、読者のみなさんにはきっと実現できるはずです。

なせば成る　なさねば成らぬ　何事も
　　　　成らぬは人の　なさぬなりけり

—上杉鷹山

おわりに

　本書を最後までお読みいただき、本当にありがとうございます。

　本書は、1作目『オートモードで月に18.5万円が入ってくる「高配当」株投資』、2作目『半オートモードで月に23.5万円が入ってくる「超配当」株投資』に続いて3作目の著書であり、オートモード3部作の完結編となります。

　1作目は10万部、2作目も8万部を突破と、多くの方に読んでいただくことができました。これは常日頃からご支持をいただいております読者のみなさん、X（旧Twitter）におけるフォロワーのみなさんのおかげです。心より感謝申し上げます。

　本書を読み終えたみなさんは、以下の投資手法が可能となったことでしょう。

①銘柄選定（本書で紹介した100銘柄）
② PER・PBR レンジの確認（現在の数値が低い銘柄を探す）
③定性情報の理解（企業特有の強みなどから自分が長期保有できるか確認）
④ポートフォリオのバランスを意識（20銘柄以上をバランスよく保有）
⑤現金や個人向け国債もポートフォリオに組み込む（暴落に備える）

　あとはルールを守って長く投資を続けていれば、10年後に損している確率はゼロ、とまでは言いませんが、多くの方は相応の資産形成が進んでいるはずです。

　少なくとも、投資先企業の強みや経営戦略を理解し、自分が納得できる株価で投資したならば、それは将来にわたってメンテナンス不要のフルオートモードで配当金を受け取ることができる永久保有銘柄となります。

　株式投資では、長く続けていれば自ずとリターンもついてくるもの。

指標等を確認して判断する投資技術は必要ですが、投資を長く続けていくためにどうするかを考え続けることも極めて重要となります。

投資を続けるモチベーションを維持するために、配当の記録をつけて短期的な成果を「見える化」するのも一つだと思いますし、株主優待を楽しみにするのも一つでしょう。

これは、自分がどう思うか、どう感じるかが大切であり、正解はありません。自分自身で考えていかなくてはなりません。

仮に自分で考えた結果なら、失敗しても問題はありません。失敗したまま終わらせずに次に活かすならば、失敗は成功へ一歩近づいたことを意味するからです。

3作目となる本作では、読者の選択肢を増やしたいという想いから、不躾ながら日本の優良企業100銘柄を選出しています。

その選出過程において様々な企業の資料を読み込みましたが、まだまだ日本にも世界トップクラスの企業が数多く存在していることを再認識させられました。

また、東京証券取引所は、プライム市場及びスタンダード市場の全上場会社を対象に、「資本コストや株価を意識した経営の実現に向けた対応」の要請を実施しています。

その要請を踏まえた開示がおこなわれるなど、各企業において取り組みが進められており、日本企業へ投資する個人投資家にとって、今後ますます安心して投資できる環境が整っていくでしょう。

その意味でも、日本株は有力な投資先であり続けるだろうと考えています。

2024年2月22日に日経平均株価は終値で3万9098円をつけて、34年ぶりに最高値を更新しました。バブルの呪縛から解放され、日本株が再評価される新しい時代の幕開けを感じさせる出来事でした。日本株が資産形成における選択肢の一つと成り得ることを実感できた投資家も多いのではないかと思います。

株式投資歴は丸20年となりました。振り返れば一瞬ですが、本当に

色々なことがあったと思います。厳しい局面もありましたが、今となってはいい思い出です。

　私が書籍出版のオファーを初めていただいたのは2021年の7月。本書が出版されるころには約3年が経過していることになります。

　編集担当者から書籍のタイトルが「オートモード」と聞かされた時には、目が点になりましたが、今では愛着が持てるようになりました。また、そのインパクトの強さもあってか多くの読者に読んでいただくことができました。

　書籍を出版することで新たな出会いもあり、また、多くの読者から感謝の言葉をいただくなど、心が震える瞬間を何度も経験することができました。お礼の申し上げようもありません。

　このオートモード3部作の編集担当である株式会社KADOKAWAの荒川三郎氏、編集協力の岩崎輝央氏とは、少しでも読者にとって有益となる本を作るという同じ方向性を持って仕事ができました。そのことを誇りに思います。

　また、どんな時も私を支え続けてくれる妻と娘に感謝しています。

　最後になりますが、1作目が読まれなければ2作目の出版はなく、2作目が読まれなければ3作目の出版はありませんでした。3作目を出版することで、3部作としてまとめあげることができたのは、読者やX（旧Twitter）でフォローいただいている15万人以上のフォロワーのみなさんのおかげ以外の何ものでもありません。

　深く感謝申し上げるとともに、この3部作が読者のみなさんの資産形成に資することを心より願って筆を置きます。

　2024年3月　　　　　　　　　　　　　　　　　　長期株式投資

日本の優良企業 100 選

1. 食品セクター（水産・農林業、食料品）

　巻末特典1として、第1章の**図1-1**で紹介した日本の優良企業100選について、セクターごとに選定理由を解説します。

　食品セクターからは、サカタのタネ、ヤクルト本社、明治ホールディングス、アサヒグループホールディングス、キッコーマン、味の素、東洋水産、日清食品ホールディングス、JTを選定しています。

　どの企業も営業利益率が高く、財務基盤は堅牢です。配当も、基本的に減配せず増配傾向にあります。

　JTが2021年12月期に減配したことは、個人投資家の間では大きな話題となりましたが、その後は業績の回復に伴って過去最高の配当を実施するなど、長い目でみれば増配傾向は続いています。

　ここで選定した企業は、いずれも国内首位級であるのはもちろんのこと、グローバルに事業を展開しています。国内のマーケットが人口減少により縮小していく中、海外展開も加速させていて、世界でも稼げる企業群です。

　食品セクターの企業は、生きていく上で欠かせない生活必需品を提供しており、不況でも業績が悪化しにくい傾向があります。ディフェンシブ銘柄として保有しておくことで、ポートフォリオに安定感がでてくるでしょう。

　また、ここで紹介した企業は、JTを除いていずれも株主優待制度を設けています。自社製品の贈呈のため相対的に廃止となりにくく、株主優待を目指して単元化（100株の保有）を目標としたりするなど、投資のモチベーションが維持しやすいのも魅力の一つです。

33業種区分	証券コード	会社名	特徴 (一言コメント)
水産・農林業	1377	サカタのタネ	ブロッコリー世界首位
食料品	2267	ヤクルト本社	乳酸菌飲料国内首位
食料品	2269	明治ホールディングス	チョコレート等国内首位製品多数
食料品	2502	アサヒグループホールディングス	ビール国内首位級
食料品	2801	キッコーマン	醤油業界首位
食料品	2802	味の素	調味料国内首位
食料品	2875	東洋水産	カップ麺国内2位
食料品	2897	日清食品ホールディングス	カップ麺国内首位
食料品	2914	JT	グローバル寡占企業

2. エネルギー資源セクター
（鉱業、石油・石炭製品）

　エネルギー資源セクターからは INPEX を選定しています。もともと企業数の少ないセクターであり、この業界では INPEX の規模が他を圧倒しており1強状態です。

　日本のエネルギー企業と言うと、他に石油資源開発や ENEOS ホールディングスなどを思い浮かべるかもしれません。しかし、海外に多くの優良な資源権益を保有している筆頭格は、三菱商事や三井物産です。

　総合商社は卸売業に分類されますが、そのビジネスはエネルギーも内包していると捉えておいた方がよいでしょう。

　エネルギーセクターの業績は、原油価格の影響を受けやすいことに留意するようにしましょう。

33業種区分	証券コード	会社名	特徴（一言コメント）
鉱業	1605	INPEX	石油・天然ガス開発国内首位

3. 建設・資材セクター
（建設業、金属製品、ガラス・土石製品）

　建設・資材セクターからはショーボンドホールディングス、大和ハウス工業、積水ハウス、AGC、フジミインコーポレーテッド、リンナイを選定しています。いずれの企業も増配傾向にあり、実質累進配当となっています。財務基盤も問題なく、特にショーボンドホールディングス、フジミインコーポレーテッド、リンナイは無借金企業です。

　建設・資材セクターの企業は景気の影響を受けやすいので、景気後退局面においては、業績が悪化しやすい傾向にあることを覚えておきましょう。

33業種区分	証券コード	会社名	特徴（一言コメント）
建設業	1414	ショーボンドホールディングス	コンクリート補修業で国内首位
建設業	1925	大和ハウス工業	建設業で時価総額国内首位
建設業	1928	積水ハウス	累計建築戸数世界一
ガラス・土石製品	5201	AGC	ガラス世界首位級
ガラス・土石製品	5384	フジミインコーポレーテッド	シリコンウエハー用研磨材で世界首位
金属製品	5947	リンナイ	ガス器具国内首位

4. 素材・化学セクター
（繊維製品、パルプ・紙、化学）

　素材・化学セクターからは、ニッケ、旭化成、王子ホールディングス、日産化学、信越化学工業、花王、富士フイルムホールディングス、日東電工、ユニ・チャームを選定しています。

　ニッケは45年以上減配歴がなく、配当利回りを判断材料として使いやすい銘柄。花王は連続増配日本一で、個人投資家の間で有名な企業です。信越化学工業は世界一の製品、高い利益率、堅牢な財務基盤で広く知られています。

　それぞれの企業が、特定の分野で強みを持って事業活動をおこなっています。

　繊維製品、化学は景気敏感株、パルプ・紙はディフェンシブ株と言われていますが、化学の中でも花王やユニ・チャームなどのトイレタリー企業は、生活必需品を製造していることから、ディフェンシブ株と考えるのが一般的です。

33業種区分	証券コード	会社名	特徴（一言コメント）
繊維製品	3201	ニッケ	羊毛紡績の名門、45年以上減配無し
化学	3407	旭化成	事業展開が多様な総合化学企業
パルプ・紙	3861	王子ホールディングス	製紙国内首位
化学	4021	日産化学	農薬国内首位級
化学	4063	信越化学工業	シリコンウエハー世界首位
化学	4452	花王	トイレタリー国内首位
化学	4901	富士フイルムホールディングス	偏光板保護フィルム世界首位
化学	6988	日東電工	グローバルニッチトップ製品多数
化学	8113	ユニ・チャーム	紙おむつ、生理用品国内首位

5. 医薬品セクター（医薬品）

　医薬品セクターからは、武田薬品工業、アステラス製薬、塩野義製薬、中外製薬、エーザイ、小野薬品工業、ツムラ、第一三共、大塚ホールディングスを選定しています。

　新薬ができるまでには、長い時間と多額の費用が必要となります。日本製薬工業協会によると、新薬の候補化合物の発見から医薬品として発売するまでには9年から16年の月日を要し、そのプロセスは以下のようになっています。

1、基礎研究（2～3年）：薬のモトとなる新しい物質の発見と製造
2、臨床試験（3～5年）：薬として可能性のある物質を、動物や培養細胞を用いて試験し、有効性と安全性を研究
3、臨床試験（治験）（3～7年）：必要な非臨床試験を通過した薬の候補（治験薬）が、安全で実際にヒトに効果があるかどうかを調べる最終段階。以下の3段階に分かれる
・第1相試験（フェーズⅠ）：少数の健康な人を対象に副作用などの安全性について確認
・第2相試験（フェーズⅡ）：少数の患者を対象に有効で安全な投与量・投与方法などを確認
・第3相試験（フェーズⅢ）：多数の患者を対象に既存薬等と比較して有効性や安全性を確認
4、承認申請と審査（1年）：厚生労働省への承認申請をおこない、学識経験者等で構成する薬事・食品衛生審議会等の審査を経て承認後に発売

　上記のように、新薬ができるまでには長い年月がかかり、また、医療機関とのネットワークも必要となります。このことから新たなライバル企業が誕生しにくく大きな参入障壁となっており、これは既存企業の強みでもあります。

　ジェレミー・シーゲル博士の研究では、医薬品を含むヘルスケアセクターは歴史的なリターンが最も高かったとされています。

製薬には、特許切れなど様々なリスクが伴うものの、そのリターンの高さは無視できず、また、景気に左右されないディフェンシブ性を併せ持っています。

主要企業の株式を分散させながら保有することには、一定の合理性があると考えます。

33業種区分	証券 コード	会社名	特徴（一言コメント）
医薬品	4502	武田薬品工業	製薬国内首位
医薬品	4503	アステラス製薬	製薬国内2位
医薬品	4507	塩野義製薬	製薬国内準大手
医薬品	4519	中外製薬	製薬国内大手、ロシュ傘下
医薬品	4523	エーザイ	製薬国内大手
医薬品	4528	小野薬品工業	製薬国内準大手
医薬品	4540	ツムラ	医療用漢方薬で国内圧倒的首位
医薬品	4568	第一三共	製薬国内3位
医薬品	4578	大塚ホールディングス	製薬国内大手、食品も強い

6. 自動車・輸送機セクター（ゴム製品、輸送用機器）

　自動車・輸送機セクターからは、ブリヂストン、トヨタ自動車、ホンダ、シマノを選定しています。いずれの企業も各分野で世界トップ級となっています。

　景気敏感株のため、業績の変動に伴って株価の動きも大きくなりがちです。

　しかし、業界首位級の企業は景気の回復と連動して業績もよくなり、株価も戻ってきます。そのことに留意しつつ、**株価がさえない時にも「いずれは戻る」と気長に保有しておけば問題のない銘柄群でしょう。**

33業種区分	証券コード	会社名	特徴（一言コメント）
ゴム製品	5108	ブリヂストン	タイヤ世界首位級
輸送用機器	7203	トヨタ自動車	自動車世界首位
輸送用機器	7267	ホンダ	二輪車世界首位
輸送用機器	7309	シマノ	自転車部品世界首位

7. 鉄鋼・非鉄セクター（鉄鋼、非鉄金属）

　鉄鋼・非鉄セクターからは、日本製鉄、大和工業、丸一鋼管、住友電気工業です。

　景気敏感株であり、業績の悪化にともなって減配されることもよくあり、減配可能性は相対的に高くなっています。

　日本製鉄と住友電気工業は世界でもトップクラス。大和工業は無借金企業で、丸一鋼管も負けず劣らず財務基盤は堅牢です。それぞれ強みのある企業ですが、**投資するのであれば、業績の浮き沈みや減配可能性に留意しつつ保有したいところです。**

33業種区分	証券コード	会社名	特徴（一言コメント）
鉄鋼	5401	日本製鉄	粗鋼生産量国内首位、世界でも有数
鉄鋼	5444	大和工業	電炉国内大手
鉄鋼	5463	丸一鋼管	溶接鋼管国内首位
非鉄金属	5802	住友電気工業	ワイヤハーネス世界首位級

8. 機械セクター（機械）

　機械セクターからは、ディスコ、SMC、コマツ、クボタ、荏原、ダイキン工業、ダイフクです。

　ディスコは無借金企業、SMC も財務基盤は鉄壁。荏原はポンプだけではなく、半導体製造に欠かせない CMP 装置で世界シェア 2 位となっています。

各企業とも自分たちの得意とする分野で世界的な存在感を保っており、安心して長期保有できる銘柄群です。

　機械セクターは景気敏感株ですので、景気に左右されやすいということに留意しておきましょう。

33業種区分	証券コード	会社名	特徴（一言コメント）
機械	6146	ディスコ	半導体、電子部品の研削・切断研磨装置世界首位
機械	6273	SMC	FA 空圧制御機器世界首位
機械	6301	コマツ	建設機械世界2位
機械	6326	クボタ	農業機械世界3位
機械	6361	荏原	標準ポンプ国内首位
機械	6367	ダイキン工業	エアコン世界首位級
機械	6383	ダイフク	マテリアルハンドリング世界首位

9. 電気・精密セクター（電気機器、精密機器）

　電気・精密セクターからは、テルモ、日立製作所、ニデック、ソニーグループ、ヒロセ電機、堀場製作所、キーエンス、シスメックス、日本セラミック、ファナック、浜松ホトニクス、村田製作所、ナカニシ、マニー、HOYA、キヤノン、東京エレクトロンです。電気機器、精密機器は日本のお家芸とも言える業種で、選定数も 17 銘柄になりました。

　全体的に営業利益率の高い企業が多く、いずれの企業も財務基盤に問題はありません。キーエンス、日本セラミック、ファナック、マニー、東京エレクトロンは無借金企業です。

　テルモやシスメックスなどの医療分野を主戦場としている企業は、相対的に景気の影響を受けにくいものの、電気・精密セクターは基本的には景気敏感株が中心です。

　景気の動向で株価が変動しやすいことを心に留めておきましょう。

33業種区分	証券コード	会社名	特徴（一言コメント）
精密機器	4543	テルモ	医療機器大手
電気機器	6501	日立製作所	総合電機・重電首位
電気機器	6594	ニデック	HDD用精密小型モーター世界首位
電気機器	6758	ソニーグループ	AV機器世界大手
電気機器	6806	ヒロセ電機	コネクター専業の大手
電気機器	6856	堀場製作所	エンジン計測装置で圧倒的世界首位
電気機器	6861	キーエンス	計測制御機器大手
電気機器	6869	シスメックス	血球計数検査分野で世界首位
電気機器	6929	日本セラミック	赤外線センサ世界首位
電気機器	6954	ファナック	工作機械用NC装置世界首位
電気機器	6965	浜松ホトニクス	光電子増倍管で圧倒的世界首位
電気機器	6981	村田製作所	セラミックコンデンサー世界首位
精密機器	7716	ナカニシ	歯科用ハンドピース世界首位
精密機器	7730	マニー	眼科ナイフ世界首位級
精密機器	7741	HOYA	半導体製造用マスクブランクス世界首位
電気機器	7751	キヤノン	レンズ交換式カメラ世界首位
電気機器	8035	東京エレクトロン	半導体製造装置世界3位

10. 情報通信・サービスその他セクター（その他製品、情報・通信業、サービス業）

　情報通信・サービスその他セクターからは、オリエンタルランド、SHOEI、パイロットコーポレーション、ヤマハ、任天堂、NTT、KDDI、セコムを選定しています。いずれの企業も財務健全性には問題なく、SHOEI、任天堂は無借金企業です。

　SHOEIやパイロットコーポレーションは規模的には小型であるものの、特定の事業領域で世界一の企業で、持続的な高い利益率を誇っており、競争力の高さも維持しています。

　情報・通信業では鉄板のNTTとKDDI。いずれも10年以上増配を継続しています。情報・通信というインフラを担っており、景気変動の影響を受けにくいディフェンシブ銘柄です。

　業績も安定しているため、安心して長期保有することができます。逆に、その他製品やサービス業は景気敏感株で、**業績は景気に左右されやすい点に留意しておきましょう。**

33業種区分	証券コード	会社名	特徴（一言コメント）
サービス業	4661	オリエンタルランド	東京ディズニーランド・シーを運営
その他製品	7839	SHOEI	高級ヘルメット世界首位
その他製品	7846	パイロットコーポレーション	筆記具単独ブランドで世界首位
その他製品	7951	ヤマハ	電子ピアノ世界首位
その他製品	7974	任天堂	世界的ゲーム機・ソフトメーカー
情報・通信業	9432	日本電信電話（NTT）	世界屈指の通信企業
情報・通信業	9433	KDDI	総合通信国内2位
サービス業	9735	セコム	警備国内首位

11. 電気・ガスセクター（電気・ガス業）

　電気・ガスセクターからは、J-POWER と東京ガスを選定しました。このセクターでは、かつては東京電力が業界の盟主でしたが、2011年の震災で状況は一変しました。

　電力株は、震災前はインフレヘッジの効いた永久債券とまで言われていたものの、震災後は各社無配に追い込まれるなど、誰もが想像していなかった事象が発生しています。

「株式投資に絶対はない」と痛感しましたし、今後も忘れることはないでしょう。

　そんな中で、その事業の特殊性から震災後も減配がなく、上場以来減配したことがない J-POWER は、相対的に安定感があると言えます。

　また、都市ガス国内首位の東京ガスも、配当政策を「安定配当を維持しつつ、中長期の利益水準を総合的に勘案し、成長に合わせて緩やかな増配を実現していきます」としており、実質累進配当となっています。

　いずれの銘柄も社会インフラを担う企業として、そのディフェンシブ性を遺憾なく発揮し、安定的な配当が期待できるでしょう。

33業種区分	証券コード	会社名	特徴（一言コメント）
電気・ガス業	9513	J-POWER	石炭火力・水力が中心の電力卸
電気・ガス業	9531	東京ガス	都市ガス国内首位

12. 運輸・物流セクター
（陸運業、海運業、空運業、倉庫・運輸関連業）

　運輸・物流セクターからは、JR 東日本、ヤマトホールディングス、SG ホールディングス、上組を選定しています。

　一般に、陸運や倉庫関連株は景気の影響を受けにくいディフェンシブ株と考えられていますが、**2020 年のコロナ禍において、それも絶対ではないことが浮き彫りになりました。**

　あくまでマクロ環境が平常運転であれば、という条件下において、相対的に安定的な業績が期待できることを忘れないようにしましょう。

33業種区分	証券コード	会社名	特徴（一言コメント）
陸運業	9020	JR 東日本	鉄道国内首位
陸運業	9064	ヤマトホールディングス	宅配便国内首位
陸運業	9143	SG ホールディングス	宅配便国内2位
倉庫・運輸関連業	9364	上組	港湾総合運送国内首位級

13. 商社・卸売セクター（卸売業）

　商社・卸売セクターからは伊藤忠商事、三井物産、三菱商事、の総合商社上位3社を選定しています。上位3社に住友商事と丸紅を加えて5大商社と呼ばれていますが、利益水準や時価総額から考えると実質3強時代となっています。

　さらに豊田通商と双日の2社を加えて7大商社とするケースもあるようですが、上記のとおり、この業界は実質3強です。

　投資を検討するのであれば、少なくとも同業他社と比較して客観的に割安かどうか、上手くいかなかった時に納得できるか等を確認してからにしましょう。

　総合商社は累進配当を表明するなど、業績に安定感も出てきましたが、基本的には景気敏感株です。**業績は景気動向に左右されやすいことを覚えておきましょう。**

33業種区分	証券コード	会社名	特徴（一言コメント）
卸売業	8001	伊藤忠商事	総合商社、非資源の雄
卸売業	8031	三井物産	総合商社、資源ダントツ
卸売業	8058	三菱商事	総合商社、圧倒的総合力

14. 小売セクター（小売業）

　小売セクターからは、セブン＆アイ・ホールディングス、ニトリホールディングス、ファーストリテイリングです。

　セブン＆アイ・ホールディングスはコンビニ事業が主力で、その点においては他の２社と同様に高い利益率を誇っています。

　セブンイレブンを展開するセブン＆アイ・ホールディングスやユニクロを展開するファーストリテイリングは、世界有数の企業と言えるでしょう。

　ニトリホールディングスも高い利益率と自己資本比率を維持しており、儲かるビジネスを展開しています。**長い時間をかけて積み上げられてきた優位性は、簡単には崩れないでしょう。**

33業種区分	証券コード	会社名	特徴（一言コメント）
小売業	3382	セブン＆アイ・ホールディングス	コンビニ世界首位
小売業	9843	ニトリホールディングス	家具・インテリア販売国内首位
小売業	9983	ファーストリテイリング	SPA（製造小売業）世界3位

15. 銀行セクター（銀行業）

　銀行セクターからは、三菱UFJフィナンシャル・グループと三井住友フィナンシャルグループです。

　3メガバンクと言われていますが、残りの1社である、みずほフィナンシャルグループはたびたびシステム障害で紙面をにぎわしています。相対的に配当利回りが高い・PERが低いなど、何らかの旨みがなければ投資しにくいところ。

　いずれの企業も累進配当となっており、配当利回りをベースに投資判断をおこなったとしても、ある程度の精度をもって報いてくれるでしょう。

　銀行セクターは典型的な景気敏感株です。景気の影響を大きく受けることを念頭に置いて投資するようにしましょう。

33業種区分	証券コード	会社名	特徴（一言コメント）
銀行業	8306	三菱UFJフィナンシャル・グループ	国内最大の総合金融グループ
銀行業	8316	三井住友フィナンシャルグループ	国内2位の総合金融グループ

16. 金融（除く銀行）セクター
（証券、商品先物取引業、保険業、その他金融業）

　金融（除く銀行）セクターからは、全国保証、SBI ホールディングス、オリックス、三菱 HC キャピタル、日本取引所グループ、MS&AD インシュアランスグループホールディングス、第一生命ホールディングス、東京海上ホールディングスです。

　金融（除く銀行）セクターの企業は**2008 年のリーマンショックの際に業績の大幅な悪化に苦しめられましたが、その後は概ね堅調な推移となっています。**

　各企業ともに業界首位級の企業で、それぞれ強みも持っています。特に国内独占企業の日本取引所グループと、業界で実質 1 強の東京海上ホールディングスは、定期的にチェックして買い時を探る価値があるでしょう。

33業種区分	証券コード	会社名	特徴（一言コメント）
その他金融業	7164	全国保証	独立系の信用保証で国内首位
証券,商品先物取引業	8473	SBI ホールディングス	ネット証券国内首位
その他金融業	8591	オリックス	リース国内首位
その他金融業	8593	三菱 HC キャピタル	三菱グループのリース大手
その他金融業	8697	日本取引所グループ	東証を傘下に持つ国内独占企業
保険業	8725	MS&AD インシュアランスグループホールディングス	メガ損保3強の一角
保険業	8750	第一生命ホールディングス	生命保険大手
保険業	8766	東京海上ホールディングス	メガ損保3強の一角。実質1強

17. 不動産セクター（不動産業）

　不動産セクターからは、ヒューリック、三井不動産、三菱地所、住友不動産を選定しています。三井不動産と住友不動産は実質累進配当、ヒューリックは連続増配銘柄となっています。

　三菱地所も長い目でみれば増配傾向にあり、配当利回りをベースにした投資判断もある程度は機能するでしょう。

　不動産会社の個人投資家向け説明会資料では、自社の保有不動産（ビルや商業施設など）が写真付きで紹介されていることがほとんどです。

　町中を歩いていて実物を見た時には、ひょっとすると少し嬉しい気持ちになるかもしれません。その意味では、**分散効果とモチベーション維持効果を期待して保有するというのも選択肢の一つたりえるでしょう。**

33業種区分	証券コード	会社名	特徴（一言コメント）
不動産業	3003	ヒューリック	不動産賃貸大手
不動産業	8801	三井不動産	総合不動産首位
不動産業	8802	三菱地所	総合不動産で三井不動産と双璧
不動産業	8830	住友不動産	総合不動産大手

保有株式一覧

（2024 年 3 月 22 日現在）

No.	銘柄（証券コード）	株数	構成比率	備考（一言コメント）
1	三菱商事（8058.P）	11975	23.80%	総合商社、圧倒的総合力
2	JT（2914.P）	4576	10.13%	グローバル寡占企業
3	三井物産（8031.P）	2202	8.75%	総合商社、資源ダントツ
4	NTT（9432.P）	78521	8.02%	世界屈指の通信企業
5	三井住友FG（8316.P）	1217	6.16%	国内2位の総合金融グループ
6	積水ハウス（1928.P）	1427	2.75%	累計建築戸数世界一
7	スバル興業（9632.S）	1770	2.65%	東宝系の道路メンテナンス企業
8	アステラス製薬（4503.P）	2535	2.36%	製薬国内2位
9	東京海上HD（8766.P）	775	2.06%	メガ損保3強の一角。実質1強
10	伊藤忠商事（8001.P）	552	2.04%	総合商社、非資源の雄
11	花王（4452.P）	579	1.83%	トイレタリー国内首位
12	三菱UFJFG（8306.P）	2044	1.82%	国内最大の総合金融グループ
13	KDDI（9433.P）	627	1.60%	総合通信国内2位
14	MS＆AD（8725.P）	300	1.34%	メガ損保3強の一角
15	INPEX（1605.P）	802	1.02%	石油・天然ガス開発国内首位
16	マニー（7730.P）	900	1.01%	眼科ナイフ世界首位級
17	三菱HCキャピタル（8593.P）	1600	0.97%	三菱グループのリース大手
18	リコーリース（8566.P）	300	0.93%	連続増配国内2位
19	岡谷鋼機（7485. 名証P）	100	0.88%	鉄鋼と機械の専門商社。中部の名門
20	オーエムツーネットワーク（7614.S）	1000	0.84%	財務鉄壁の食肉小売業
21	コマツ（6301.P）	328	0.82%	建設機械世界2位
22	ブリヂストン（5108.P）	205	0.77%	タイヤ世界首位級
23	日清食品HD（2897.P）	300	0.72%	カップ麺国内首位
24	三菱食品（7451.P）	200	0.62%	食品卸国内3強の一角

No.	銘柄（証券コード）	株数	構成比率	備考（一言コメント）
25	稲畑産業（8098.P）	300	0.54%	化学専門商社国内2位
26	トーカロ（3433.P）	500	0.50%	溶射加工国内首位
27	長瀬産業（8012.P）	300	0.44%	化学専門商社国内首位
28	三洋貿易（3176.P）	556	0.42%	技術に強い、ゴム・化学品商社
29	沖縄セルラー電話（9436.P）	200	0.41%	沖縄県で携帯シェア5割
30	フクダ電子（6960.S）	100	0.38%	心電計国内首位
31	あらた（2733.P）	200	0.36%	日用品卸国内首位級
32	大塚HD（4578.P）	100	0.36%	製薬国内大手、食品も強い
33	日本取引所G（8697.P）	153	0.34%	東証を傘下に持つ国内独占企業
34	全国保証（7164.P）	107	0.34%	独立系の信用保証で国内首位
35	日本ピラー工業（6490.P）	100	0.33%	流体制御メカニカルシール大手
36	大和ハウス（1925.P）	126	0.32%	建設業で時価総額首位
37	みずほリース（8425.P）	100	0.32%	連続増配銘柄
38	クボタ（6326.P）	228	0.31%	農業機械世界3位
39	アサヒGH（2502.P）	100	0.30%	ビール国内首位級
40	日本ハム（2282.P）	100	0.29%	食肉国内首位
41	住友精化（4008.P）	100	0.29%	吸水性樹脂が主力の化学メーカー
42	日清オイリオG（2602.P）	100	0.29%	家庭用食用油国内首位
43	内外トランスライン（9384.P）	200	0.27%	国際海上輸出混載、国内首位
44	加藤産業（9869.P）	100	0.26%	食品卸国内4位
45	ヒューリック（3003.P）	300	0.26%	不動産賃貸大手
46	愛知電機（6623.名証P）	100	0.23%	柱上変圧器に強み
47	パイロットコーポレーション（7846.P）	105	0.23%	筆記具単独ブランドで世界首位
48	NECCS（P.8793）	100	0.22%	リース国内10位でNEC系

No.	銘柄（証券コード）	株数	構成比率	備考（一言コメント）
49	平和不動産（8803.P）	100	0.22%	東京・大阪・名古屋・福岡の証券取引所を賃貸
50	ソフトクリエイト HD（P.3371）	200	0.22%	EC サイト構築国内首位
51	SBI グローバルアセットマネジメント（4765.P）	500	0.22%	SBI 傘下で資産運用受託が主力
52	石原ケミカル（4462.P）	200	0.21%	金属表面処理剤大手
53	住友商事（8053.P）	100	0.21%	総合商社4位
54	J-POWER（9513.P）	142	0.20%	石炭火力・水力が中心の電力卸
55	ニチリン（5184.P）	100	0.20%	自動車用ホース大手
56	明治ホールディングス（2269.P）	100	0.19%	チョコレート等国内首位製品多数
57	立花エレテック（8159.P）	100	0.19%	三菱電機系の電気・電子商社
58	オリックス（8591.P）	101	0.19%	リース国内首位
59	ミルボン（4919.P）	100	0.18%	美容室向けヘア化粧品専業首位
60	ヤクルト本社（2267.P）	100	0.18%	乳酸菌飲料国内首位
61	ハピネット（7552.P）	100	0.17%	玩具卸で国内首位
62	エクセディ（7278.P）	100	0.17%	クラッチ国内首位
63	テレビ東京 HD（9413.P）	100	0.17%	民放キー局5位、経済・アニメに強み
64	SHOEI（7839.P）	131	0.17%	高級ヘルメット世界首位
65	フジ日本精糖（2114.S）	300	0.17%	双日系の精糖中堅
66	キユーピー（2809.P）	100	0.15%	マヨネーズ・ドレッシング国内首位
67	日伝（9902.S）	100	0.15%	動力電動機器首位級の専門商社
68	RYODEN（8084.P）	100	0.15%	三菱電機系の商社で最大
69	TAKARA&CO（7921.P）	100	0.15%	ディスクロージャー大手
70	FUJI（6134.P）	100	0.15%	電子部品自動装着装置で国内首位
71	コタ（4923.P）	160	0.15%	美容室向けヘア化粧品製造・販売
72	前澤給装工業（6485.P）	200	0.15%	水道用給水装置で国内首位

No.	銘柄（証券コード）	株数	構成比率	備考（一言コメント）
73	南陽（7417.S）	100	0.15%	建設・産業機械の販売が主力
74	日本管財 HD（9347.P）	100	0.14%	総合ビルメンテナンス大手
75	船井総研 HD（9757.P）	100	0.14%	経営コンサル大手
76	ナフコ（2790.S）	100	0.14%	九州地盤のホームセンター大手
77	ニチレキ（5011.P）	100	0.14%	アスファルト乳剤国内首位
78	不二製油 G（2607.P）	100	0.14%	油脂大手
79	ウェルネオシュガー（2117.P）	100	0.13%	製糖国内3位
80	帝国繊維（3302.P）	100	0.13%	消防ホース国内首位
81	大石産業（3943.S）	100	0.12%	パルプモウルド国内首位
82	穴吹興産（8928.S）	100	0.12%	四国でマンション分譲首位級
83	ティーガイア（3738.P）	100	0.12%	携帯販売代理店首位
84	たけびし（7510.P）	100	0.12%	三菱電機系の技術商社
85	ラサ商事（3023.S）	100	0.11%	ジルコン国内首位の専門商社
86	中外製薬（4519.P）	31	0.10%	製薬国内大手、ロシュ傘下
87	コーア商事 HD（9273.P）	200	0.09%	ジェネリック医薬品原薬の輸入・販売
88	J フロントリテイリング（3086.P）	100	0.09%	大丸・松坂屋　百貨店が主力
89	クミアイ化学工業（4996.P）	200	0.09%	農薬首位級。JA 系
90	クラレ（3405.P）	100	0.09%	樹脂の世界シェア首位製品多数
91	サカタインクス（4633.P）	100	0.09%	インキ世界3位
92	カナデン（8081.P）	100	0.09%	三菱電機系商社
93	DCM HD（3050.P）	100	0.08%	ホームセンター国内首位級
94	アルコニックス（3036.P）	100	0.08%	双日から分離した非鉄金属の商社
95	九州リースサービス（8596.P）	100	0.08%	総合リースで九州最大手
96	エイトレッド（3969.S）	100	0.08%	ソフトクリエイト HD 傘下、ワークフローソフト専業

No.	銘柄（証券コード）	株数	構成比率	備考（一言コメント）
97	ニッケ（3201.P）	100	0.08%	羊毛紡績の名門、45年以上減配無し
98	平河ヒューテック（5821.S）	100	0.08%	電線・ネットワーク機器メーカー
99	ライオン（4912.P）	100	0.07%	歯ブラシ国内首位
100	マンダム（4917.P）	100	0.07%	男性用化粧品で国内首位級
101	プロネクサス（7893.P）	100	0.07%	ディスクロージャー・IR支援大手
102	川西倉庫（9322.P）	100	0.07%	倉庫中堅。優待長期優遇が魅力
103	中央倉庫（9319.P）	100	0.07%	内陸総合物流で国内首位級
104	ピックルスHD（2935.P）	100	0.07%	漬物国内首位
105	新東工業（6339.P）	100	0.07%	鋳造機械で国内首位
106	ひろぎんHD（7337.P）	100	0.06%	広島が地盤の地銀上位
107	宝HD（2531.P）	100	0.06%	清酒、焼酎、みりん国内首位
108	カーリットHD（4275.P）	100	0.06%	発煙筒国内首位
109	フジマック（5965.P）	100	0.06%	総合厨房設備機器大手
110	みずほFG（8411.P）	30	0.05%	メガバンク3位
111	三共生興（8018.S）	100	0.04%	「DAKS」のブランドライセンス保有
112	明光ネットワークジャパン（4668.P）	100	0.04%	明光義塾をフランチャイズ展開
113	日本フェルト（3512.S）	100	0.02%	紙・パルプ用フェルト国内2強の一角
114	芙蓉総合リース（8424.P）	2	0.02%	みずほ系の大手総合リース
115	AGC（5201.P）	4	0.01%	ガラス世界首位級
116	日産化学（4021.P）	3	0.01%	農薬国内首位級
117	ナカニシ（7716.S）	4	0.01%	歯科用ハンドピース世界首位
118	テルモ（4543.P）	1	0.00%	医療機器大手
119	上新電機（8173.P）	1	0.00%	関西地盤の家電量販大手
計			100.00%	

巻末特典 3

新しい NISA に対する戦略

新しい NISA のルール理解から投資戦略まで

2024 年 1 月、新しい NISA が始まりました。書店には様々な関連本が並び、インターネットでも新 NISA という言葉を目にする機会が増えているのではないでしょうか。

その情報量の多さに戸惑うことがあるかもしれませんが、**本当に重要なポイントはそれほど多くはありません。**

ルールが変わった時は、以下の 2 点に留意して方針を立てるとミスを少なくすることができます。

1. ルールを理解する
2. ルールをどのように活用できるかを考える

まずは「ルールの理解」から。新しい NISA の概略は次の 5 点です。

①非課税保有期間の無期限化
②口座開設期間の恒久化
③つみたて投資枠と、成長投資枠の併用が可能
④年間投資枠の拡大（つみたて投資枠：年間 120 万円、成長投資枠：年間 240 万円、合計最大年間 360 万円まで投資が可能。）
⑤非課税保有限度額は、全体で 1800 万円（成長投資枠は、1200 万円。また、枠の再利用が可能。）

これらのルールを理解できたら、次は「ルールをどのように活用できるか」について考えていきます。

これは、人生において投資期間がどの程度残されているか、つまり「年齢」という条件と、定期的な配当収入を生活費に充当して豊かな人生を送りたいなど、いわば「ライフスタイル」に関しての条件などにより、目指す運用方法は異なってくるのです。

たとえば、配当は不要で超長期での平均的な期待リターンを狙いたい若い投資家向けには、以下のような投資戦略が考えられるでしょう。

20年以上の超長期で投資期間を確保でき、配当も不要のケース

・つみたて投資枠600万円は「eMAXIS Slim 全世界株式（オール・カントリー）」へ投資
・成長投資枠1200万円もつみたて投資枠と同様に分配金なしの投資信託へ投資

　この投資信託（分配金なし）へ投資するケースでは、配当再投資が投資信託内でおこなわれるため、新たに非課税枠を使用しないという特徴があります。

　図1をご覧ください。仮に、つみたて投資枠で分配金を出さない投資信託へ100万円投資し、年5%で複利運用するケースでは、1年後に100万円の5%である5万円が運用益として加算され、運用資金は105万円となります。

　そのさらに1年後（つまり2年後）には、運用資金105万円の5%にあたる5.25万円が運用益として加算され、運用資金は110万2500円となります。

　この間、分配金（配当金）は投資信託内で再投資されていますので、

図1　投資信託（分配金なし）へ100万円投資して年5%で複利運用するケース

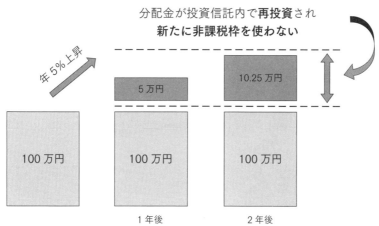

新たに非課税枠を使うことなく非課税枠内の運用資金を増やせるのです。

　この戦略を採用するならば、再投資の際に非課税枠を新たに使用することなく、長期的には株式というアセットクラスの平均的なリターンを期待することができるでしょう。

　その一方で、配当や株主優待などがないため、短期的な成果が実感しにくく、株式投資を続けるためのモチベーションをどのように維持するのかが課題となります。

　続いて、生活費に充当するために定期的な配当金を確保し、定年後の生活を見据えて投資したい40代後半以降の個人投資家向けの投資戦略を考えてみましょう。

自分の目的や置かれた
環境に適した投資方針
を策定しよう

定期的な配当金を確保したいケース

・つみたて投資枠 600 万円は、「eMAXIS Slim 全世界株式（オール・カントリー）」へ投資
・成長投資枠 1200 万円は配当目的の個別銘柄へ投資

　この成長投資枠で個別株へ投資するケースでは、配当そのものは非課税であるものの、配当を再投資する場合は新たに非課税枠を使用するという特徴があります。

　図 2 をご覧ください。仮に、成長投資枠で個別株へ 100 万円投資し年 5%の配当を受け取ることができるケースでは、1 年後に 100 万円の 5%である 5 万円の配当を受け取ります。配当を再投資した場合には運用資金は 105 万円となります。

　そのさらに 1 年後（つまり 2 年後）には、運用資金 105 万円の 5%にあたる 5.25 万円の配当を受け取ることができます。前年同様に再投資した場合は、運用資金は 110 万 2500 円となります。

　金額自体は前述の投資信託へ投資するケースと同じですが、今回は受け取った配当を再投資する際に、新たな非課税枠を使うことになるのです。

　そのため、投資額が成長投資枠の限度額 1200 万円を超過した段階で非課税枠での再投資ができなくなります。

　したがって、成長投資枠での個別株への投資は、超長期での複利運用によるリターンを期待するのではなく、**受け取った配当を生活費へ充当することで、より豊かな人生を歩みたいと考える投資家向けの投資戦略なのです。**

　この戦略を採用すると、配当や株主優待など短期的な成果の「見える化」が可能で、株式投資を続けるモチベーションを維持しやすくなります。短期的な成果を積み上げることで長く株式投資を続けることができ、結果的に資産が形成されていたというような状況も期待できるでしょう。

図2　個別株へ100万円を投資して年5%の配当を再投資したケース

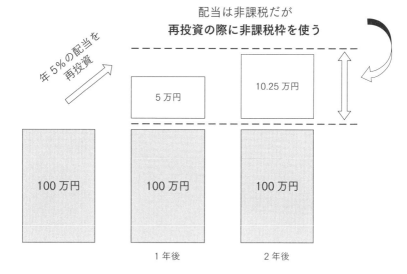

また、新しい NISA における他の留意点としては、損失が発生した場合に特定口座や一般口座で保有する他の株式等の配当金や売却益等との損益通算ができず、損失の繰越控除もできない等があります。

　いずれにせよ、**何が正解という話ではなく、ルールを理解して自分のライフスタイルに合わせて活用していくという視点が必要でしょう。**